岘山飞思

沈福忠◎著

世上最好的路不是他人为你铺成的，而是靠自己的双脚走出来的。最好的风景不是在眼前而是在人生的旅途中。

武汉出版社

（鄂）新登字 08 号

图书在版编目（CIP）数据

岘山飞思 / 沈福忠著. -- 武汉：武汉出版社，2020.1
ISBN 978-7-5582-3295-4

Ⅰ.①岘… Ⅱ.①沈… Ⅲ.①格言—汇编—中国—现代 Ⅳ.① H136.33

中国版本图书馆 CIP 数据核字 (2019) 第 241509 号

岘山飞思

著　　者：沈福忠
责任编辑：赵　可
封面设计：曾　梅
出　　版：武汉出版社
社　　址：武汉市江岸区兴业路 136 号　　邮　编：430014
电　　话：（027）85606403　85600625
http://www.whcbs.com　　E-mail:zbs@whcbs.com
印　　刷：北京军迪印刷有限责任公司　　经　销：新华书店
开　　本：710mm×1000mm　1/16
印　　张：20　　字　数：290 千字
版　　次：2020 年 1 月第 1 版　2020 年 1 月第 1 次印刷
定　　价：45.00 元

版权所有·翻印必究
如有质量问题，由承印厂负责调换

自 序

　　世上最好的路不是他人为你铺成的,而是靠自己的双脚走出来的。最好的风景不是在眼前而是在人生的旅途中。

　　地球在运行过程中兼顾了太阳与月亮的速度。万物在生长过程中给彼此留下空间。生活中一切有意义的事情都值得去追索。激情在向往的大地、江河、星空里自由奔放。大自然赋予万物独特的成长规律,雷同的很难寻觅。

　　空间有多大才能装得下一颗不安分的心?在太阳升起的那一刻,大地已经感受到阳光给予的温暖。人生的精华不在美好的瞬间而在岁月留下的永恒。江河奔流离不开千百条小溪助力。真理追随人类的足迹成为不朽的灯塔。

　　生活的点滴建造了幸福之塔的基座,而人生的精华建造了塔身和塔尖。同一道难题,一千种答案有一千种的解释。有悖生活的原则使人生感到匮乏。

　　自控是最好的武器。向上的力量是人生永不止息的动力。人生就是在千百个平凡的日子里塑造生活品质,磨炼生活意志,追求远大的目标。

　　赏赐比赞美来得更直接。人们跌倒大多不是在前进的路上,而是在诱惑面前不能自已。鲜花虽好不能四季绽放;美酒虽好喝多了伤身伤神;理想虽好不付诸行动就如同画饼一般不能充饥。

　　知识赋予人生伟大的力量。收获从失去开始,顺境从逆境中走来。善于发现他人的美是在收获一笔财富。

　　人生是一面镜子,照着过去、现在和将来。平凡撑起人生大厦的根基,而浮华想象着做豪宅的脊梁。今天的勤劳就是明天的机会。距离用手触摸不到,只有用心才能感知到。

　　再多的财产也抵不上知识的富有。人性的弱点是其一生难以迈过去的一道坎。言辞的光芒是深邃思想的投射。

　　一个地方不产生英雄,必产生小丑。欣赏美景,不要忘记为塑造美景不懈奋斗的人们。心有激情,满眼都是景。

目　录

人生之路

（一）人生篇

人生 /002　　人生之路 /013　　生活 /018　　经历 /025

（二）自强篇

坚强 /027　　姿态 /027　　勇气 /028　　追求 /029

（三）机会篇

机会 /032　　选择 /035　　梦想 /039　　行动 /040　　付出 /044

（四）挑战篇

挑战 /047　　强者 /047　　能力 /049　　舞台 /050

（五）努力篇

勤奋 /053　　习惯 /053　　今天 /054　　努力 /056

（六）学习篇

学习 /059　　读书 /060　　视野 /060　　知识 /061

（七）成败篇

命运 /067　　希望 /068　　目标 /069　　成败 /071

奋斗之旅

（一）工作篇

奋斗 /076　　尊严 /077　　眼光 /077　　问题 /078

（二）挫折篇

挫折 /079　　困难 /080　　磨砺 /082

（三）志向篇

志向 /084　　抱负 /085　　爱好 /086　　执着 /087

（四）事业篇

责任 /088　　效率 /088　　错误 /089　　做事 /090

（五）行动篇

信念 /095　　自信 /096　　信心 /096　　行为 /098

（六）超越篇

自强 /100　　超越 /100　　进取 /100　　探索 /101

（七）成功篇

成功 /103　　成长 /104　　种子 /106　　成熟 /107

处世之道

（一）真诚篇

真诚 /110　　诚信 /110　　诚实 /111　　真实 /112

（二）善良篇

赞美 /115　　评价 /116　　言行 /116　　善良 /119

（三）格局篇

格局 /123　　胸襟 /125　　气度 /127　　信任 /128

（四）包容篇

宽容 /130　　包容 /130　　尊重 /131　　帮助 /132

（五）规则篇

规则 /134　　信仰 /135　　对手 /136　　交往 /138

（六）处世篇

做人 /142　　处事 /149　　德行 /152　　沟通 /153

（七）自我篇

个性 /154　　主见 /154　　谦卑 /155　　识人 /156

思想之门

（一）聪明篇

聪明 /160　　心路 /162　　良知 /165　　改变 /166

（二）智慧篇

智慧 /167　　真理 /167　　思考 /168　　思想 /169

（三）得失篇

得失 /174　　欲望 /179　　贪婪 179　　谎言 181

（四）感悟篇

思辨 /183　　感悟 /202　　哲思 /205　　好恶 /210

（五）反思篇

反思 /211　　虚荣 /215　　嫉妒 /216　　奉承 /217

（六）名利篇

名利 /219　　名声 /219　　财富 /220　　利益 /222

（七）理智篇

理智 /223　　掩饰 /223　　缺点 /224　　弱小 /224

（八）人性篇

自私 /226　　自负 /226　　傲慢 /227　　懦弱 /227
势利 /227　　懒惰 /228　　吝啬 /228　　平庸 /228

家国之情

（一）亲情篇

亲情 /230　　家庭 /231

（二）爱情篇

爱情 /232　　婚姻 /237

（三）友情篇

友情 /239　　感情 /241

（四）人文篇

人文 /242　　教育 /243　　文化 /244　　文明 /244　　艺术 /245

（五）自然篇

江河 /246　　故乡 /249　　风景 /250　　田园 /250

岁月之歌

（一）生命篇

生命 /256　　阳光 /257　　健康 /258　　青春 /262　　品位 /263

（二）幸福篇

幸福 /265　　快乐 /267　　爱心 /268　　距离 /269

（三）时光篇

时光 /270　　时间 /270　　理想 /273　　未来 273

（四）心态篇

心态 /275　　心灵 /277　　内心 /279　　心境 /281

（五）自我篇

自我 /291　　自己 /292　　有些人 /303　　有些事 /306

人生之路

（一）人生篇

人生

1

最好的人生是无怨无悔的人生。

美好的人生始于足下。

心能走多远，人生就能走多远。

乐观向上是人生最大的动力。

平凡，是人生的主色调。

能将平凡做到不平凡，是人生的大智慧。

读懂了生命的意义，就读懂了人生。

对生命的敬畏，是对人生的负责。

生命的支撑点来自对人生的追求。

生命的意义在于实现其人生应有的价值。

人生不完美才真实。

人生是一个再塑造的过程。

充实的人生，步步都精彩。

留恋是人生中的一种痛。

麻木是人生致命的痼疾。

阅历是人生的第二大脑。

内外兼修,过最好的人生。

对人生的怠慢,是对自己的失责。

明晰的人生,在于追求更好的生活。

2

读懂人生的过去,才知道今天人生的价值。

跌过跤的人,人生路上不易再跌倒。

没有风险意识的人生,是在将人生当儿戏。

没有过荒唐的人生,不算成熟的人生。

只要你的心中有路,你就不会迷失人生的方向。

只要你的心是向善向上的,你的人生绝对很有意义。

只有经得起人生磨难的人,才有可能迎接成功的到来。

没有付出代价的人生,那不叫人生,那只是人生的过场。

要做自己人生的主宰,不做人生的过客。

走出自我的小天地,才能走进人生的大天地。

找好人生切入点,是走好一生的关键。

心中无人生坐标，一生辛苦奔波找不着北。

船无罗盘会迷航，人生无理想会迷向。

船的航行要看风向，人生的前行要看方向。

初衷是一股原始动力在支撑人生前行。

不怕人生的路途遥远，只怕自己的心路短浅。

找到适合自己发展的人生方向，如同找到了一条捷径。

人生无论成功与否都值得一试。

人生途中的风景胜过所有的美景。

人生无论多么平淡，回眸总能看到精彩。

人生谢幕不留遗憾，是最完美的终结。

3

人生一世间，一半是灿烂一半是平凡。

人生的岁月应当去彰显风光年华而非风花雪月。

人生之舟偏离了航线在江河里漂泊不定。

人生之舟只有驶向大海，才能更深刻地领略到大海的宽阔、深邃和惊涛骇浪的刺激。

到人生大海里去游泳，不是靠机遇的眷顾，而是要靠自身过硬的游泳本领。

不要以为你的人生顺风顺水，而忽视了激流险滩。

平淡的人生不是平淡无奇，看似平静的江面下边往往潜伏着汹涌的暗涛。

没有对手的胜利，不是真正的胜利。没有挫折的人生，不是精彩的人生。

时间会清晰地记载着人生所走过的每一步。

岁月有着不动声色的力量，人生有着不可估量的前途。

岁月流失的精华，人生难以赎回。

你想要的人生结果，汗水可以给你，岁月可以给你，其他的给不了你。

你走过的路人生会留下印记，你说过的话做过的事，时间会一一记载。

只有真正懂得了人生的意义，才会义无反顾地去为人生奋斗献身。

随波逐流迷失人生方向，心有定力追逐人生梦想。

人生的迷茫始于心智的丧失。

人生迷乱，如同自残。

眼力、心力、毅力构成人生成功的三大要件。

4

人不能够自控的时候，人生的光泽尽失。

一个不能自控的人，其人生是不会成功的。

人生拥有两件致胜的武器：一件是热情，一件是恒心。

在人生的行程中，无论是收获果实还是遭受损失，都要学会看淡。收获是你付出的所得，损失是你交出的学费。

人生中的创伤，让你疼痛也让你清醒。

人生的伤痛只能用医治人生伤痛的方子去治疗。

人生的伤痛，只有回到曾经被伤痛的地方，才能找到治愈伤痛的方法。

人们跌倒大多不是在前进的路上，而是在诱惑面前不能控制住自己。

人生价值的增值或者贬值，在很大程度上取决于人生的进取或者退步。

人生能走多远，起决定作用的不是你的力量，而是你的愿望。人生能走多快，起决定作用的不是你的速度，而是你的耐力。

人生是一场拼搏，敢于拼搏的人站立在人生的顶点，不敢拼搏的人只能屈居于人生的下风。

人生迈出了第一步，就像过了楚河汉界的卒子，无所畏惧地朝前走，不论结果如何。

人生图什么？有的人图名，有的人图利，但更多的人心中图的是个踏实。

5

看透人生并非看淡人生，小看自我并非是无所作为。

对人生中的不顺心事看得开，那不叫世故，那叫洒脱。

凡事大度些，糊涂些，不必去计较点滴得失、输赢。这样，你会卸掉肩上的不少负担。

不能清醒地认识自己是人生的可悲之处。

把脸面看得过重，将人生看得过小。

沉浸在昨日的梦境里，对今日的人生不知所云。

不应当给人生留下阴影，而应当让人生充满阳光。

处在人生高峰时多想想失落，在人生跌入低谷时多仰望星空。

人们应当经常思考这样一个问题：人一生往哪里走，做一个怎样的人才算合格。

人们总是为人生的得失纠结，而耗费了人生的大好时光。

对于人生而言，任何时候去努力都不算晚。

在我看来，一个好的人生规划，是迈向人生成功的开端。

对于人生而言，任何时候去撒播美好的种子都不算晚，不管你是否能够等到收获的那一天。

人生的苦乐，只有品尝了才知道；人生的成功，只有奋斗了才能获得。

人生不是一直在按照事先设计的路线行进，而是一边在行走，一边在修正自己行走的路线。

人生不仅仅有宽广的大道，也有泥沼。

6

人生处于绝望的时候，也许正是你变得了不起的时候。

人生的底线如同生命线，底线坍塌，人生离死亡不会太远。

人生颠覆起于重大变故。

人生的再造之地如同出生之地。

人生的步子，不是看谁迈得最大，而是看谁迈得最稳。

人生的光泽度，不在于它的修饰，而在于它的朴实无华。

人生不求显贵但求平凡，思想不求闪亮但求深刻。

聪明人善于从他人的长处中看到自己的短处，故而努力弥补自身短处。愚钝人对于他人长处视而不见，对自身短处漠然处之，故而人生止步不前。

看得过于肤浅的人，看不透人生。看得深刻的人，才能真正看到人生最生动最耐看的景致。

人们不怕变老而怕衰老，变老是人生必经的过程，而衰老则是身心疲惫的结果。

童年的人生须轻轻地书写，青年的人生须浓墨重写，老年的人生须静静地书写。

与过去的一切告别并不难，难的是你要找准新的人生坐标，开启新的征程。

7

在没有成就自己的人生之前，谈个人的自尊毫无意义。

没有人生的付出和积累，即使拥有一所宫殿也不会令人羡慕。

步履的快与慢，长与短，是一个人人生的真实写照。

人生中的伤痛或许是人生新的开始。

失去自尊，是人生的不可承受之重。

一寸一尺知得失，一沟一坎知人生。

一笔一画描出大千世界，一言一行道出人生境界。

入得梦境渐入人生佳境。

大我是人生担当，小我是居家过日子。

在人生的旅行中，你不怕失去，将会得到更多。

快乐的人，从来不会计较人生会得到多少。

失去乃是人生的超度，获取乃是人生的积德。

一个人的所得，必是其辛劳的付出。不劳而获的所得，毫无人生的意义。

人生的忙工夫，都是辛苦争来的；人生的闲工夫，都是偷懒等来的。

一个人的可贵之处，不在于职务高低、年龄大小、是富有还是贫穷、人生是成功还是平淡，而在于人有良知，有善心，有人生的进取精神。

只有坚守的人，才懂得责任的重要；只有豁达的人，才懂得人生的丰富多彩。期待总会有结果，坚守终将见真情。

适应环境是为了生存，争取好的环境是为了更好地生存。

死亡是新生的催化剂。

死亡走向天堂平淡无奇，新生横空出世惊艳无比。

生存是人生的一部分，死亡也是人生的一部分。不过，生存的部分像江河奔流，气势如虹。

8

放纵是人生沉沦最便捷的通道。

任何一次放纵，离人生的毁灭更进了一步。

风过了头万物受损，人过了头自己受损。

诡异的心理必将产生变异的人生。

过度地透支人生，过早地走向衰亡。

行车怕走断头路，人生最忌心被堵。

缝隙是为人生落伍者预留的一块待耕的田地。

灰暗的心理是人生走向堕落的催化剂。

良好的品性造就伟大的人生。

好奇心，人生前行不可缺少的润滑剂。

让你的人生去适应环境，而非让环境去适应你的人生。

他人的看法不重要，重要的是你的人生能行多远。

宿命论者已经事先为自己的人生，规划了行走的路径。

自然界的落差是自然力的作用，人生的落差大都是内力和外力的共同作用。

动物经过的地方都会留下自己的气息，人生经过的地方都会留下自己的足迹。

9

真实的自我是有价值的人生，虚假的自我是毫无价值的人生。

你可以隐藏一个真实的自己，但做不到隐藏一个真实的人生。

在人生的进取面前，你是一个落伍者。在秋天的收获季节，你是一个捷足先登者。

所谓的人生满足感,并不仅仅是一种平淡而安逸的生活,它常常超出了对生活本身的追求。

无所求人生淡而无味,不懈追求人生高潮迭起。

有诗意的地方不在远方,而是在你人生过往的每一个细枝末节中。

将每一天当作人生的最后一天去过,不愁过不好你的人生。

何为大事,何为小事?追求人生的境界是大事,与之相比,追求个人的幸福是小事。

借口是你消磨时光、荒废人生的最好武器。

有些人为一日三餐虚度一生,有些人为社会忙忙碌碌奉献一生,有些人平平静静度过一生,有些人轰轰烈烈走过人生。

在人生的行程中有这样两种人:走得快的人,认为自己的付出是一种充实。走得慢的人,认为自己的付出是一种无谓的劳动。

在人生的行进中,怕苦者看到路途遥远,不再前进。善于吃苦者看到希望在前方,于是加快了行进的步伐。

所谓的天地,不过是人生的一块待耕的田地,耕耘如何,决定其收成如何。

有人说,走好人生的第一步很关键。在我看来,走好第二步也不简单。

头脑里装进了太多无用的东西,将会影响你对人生的判断力。

心灵上的阴影窒息了人生的才华,将衰败、堕落、死亡呈现在你的面前,让你不能自已。

人生的误解不是发生在对其刻薄的时候,而是发生在对其甚好的时候。

人无主见如同生活在云雾中,整日难见自己的一丝光亮。

10

依附他人的力量，走不出自己的人生。

对于逐利的人来说，利益是他的人生全部。

利益的画笔会给各式各样的人生，刻画出恰如其分的脸谱。

沉默比张扬更有力量，伤疤比奖牌对人生的影响更为深刻。

对物品的某种缺陷通过修复，可以保持它的最佳状态。对人生缺陷的修复，既要精心细致又需要一个漫长的过程。

好心办错事，好人出恶行，是人生不可避免的。所谓的好并非皆是好，恶并非尽是恶，就是其中的道理。

人们只有付出沉重的代价后，才会明白人生中哪些事可以随心所欲去做，哪些事不能触碰。

人生将最好的一面展示给你的时候，你在匆匆行进；人生将丑陋的一面展示给你的时候，你在驻足欣赏。

人生中的有些东西需要忘掉，有些东西需要记住。忘掉是为了减负，记住则是避免贻误。

人生总会有许多错过，错过的往往都是出类拔萃的人。人生总会有许多失去，失去的往往都是值得一生交往的人。

在人生复杂而又短暂的世界里，任何探索或努力都是一件很有意义的事情。

如果不能够在有生之年为社会做些什么，必将成为人生的一个过客。

如果你将人生中的每一件事都当作第一件事认真去做，那么，你的人生会被浓墨重彩地书写。

当一个人决定将自己的一切奉献给这个社会时，任何阻力也不能够阻挡这种决心的实现。

社会像一台巨大的机器，人像机器上一个小小的齿轮，齿轮的正常运转带动整台机器的正常运转。

你在一个家庭的心目中为大，这个家庭离不开你。你在一个团体的心目中为大，这个团体离不开你。

人生之路

1

世上没有一个人的人生之路是笔直的。

规则之外无规则，人生之路无坦途。

不知人生路多难，只缘身在云雾中。

幼稚是人生必经的路径。

心路是人生最漫长的路。

最好走的路，是用自己本心去找的路。

人生之路的拓展，是随着心路的拓展而拓展。

人生路上多过几道坎，后面路上少跌跤。

没有在人生路上跌过跤的人，不足以谈论人生。

人生的路只有自己走下去，才知道它的长短和宽窄。

你的路在你的脚下，你的天地在你的视野里，你的梦想在你的追寻中。

世上没有一条相同的路，也没有一个相同的人。

2

他人看好的路不一定适合你去走。

他人铺成的路成就不了自己的人生，自己走出来的路才是自己的人生。

自己走过的路，留下自己的影子；自己做过的事，留下自己的气息。

自己行路不是瞄准他人行路的快慢，而是需要把握好自己脚下的每一步。

自己站得稳，他人推不倒。

不要把自己当看客，其实你一直在人生的路上行走。

人生不怕摔倒，却忌讳他人瞧不起自己。

顾忌他人的感受，迈不开自己的双脚。看他人的眼色，走不好自己的路。

人们不在意他人对自己怎么看，人们看重的是自己的人生之路怎样去走。

人生的第一步叫探路，人生的第二步叫学会走路。第一步走出去，看是否站得住、立得稳。第二步走出去，看路怎么走，往哪里走。

选对了路，人生是精彩的。选错了路，人生是灰暗的。

选对了人生之路，路越走越宽。选错了人生之路，路越走越窄。

好走的路，风险小，收效甚微。难走的路，充满风险，收效颇丰。

好走的路已经有许多人在走，不妨去走没有人走过的新路，会让你大开眼界，收获良多。

3

路，其实还是那条路。有的人走得异常艰难，有的人走得风生水起。

可以从他人那里找到近似的生活方式，但找不到与之相似的人生之路。

个人的自由如同一条道路，只要遵守规则即可通行无阻。反之，不守规则通行将处处受限。

世上好吃的东西多得很，只能一口一口吃。人生之路悠远漫长，只能一步一步去走。

人生之路，一半是平坦一半是崎岖，走平坦的路时不懈怠，走崎岖的路时不畏难。

人生的成功属于那些在行进的路上披荆斩棘、永不止步的勇者，而非懦夫。

伟人成功的路上，不乏无数常人为其甘当铺路的石子。

纠结的人，走不了人生的远路。

一些走了弯路的人，常常不是在查找自身的原因，而是埋怨路带错了方向。

应当怜悯那些生活中的弱者，他们可是人生路上的艰难跋涉者。

人不思考常走背路，心中有责负重前行。

人的一生既短暂又富有诗意，要捕捉住每个精彩的瞬间并不容易。

人生一路处处皆风景，只是你是否有足够的兴趣去欣赏。

4

花盛开时惊艳，花凋零时悲凉，人生何尝不是如此？

江河的流向遵循自然，人生的走向追寻正确的道路。

人们明白一个道理：一旦沾染上贪占小便宜的毛病，它将逐步将你带上不归之路。

人生欲望无法用深浅来衡量，人生道路不能用长短来预测。

青年人用自己的汗水，书写不寻常的人生。

青年人请用激情去展示你对人生和事业的执着吧！

人生是不会孤单的，行走的路上总会找到能够与你同行的人。

人生路上不缺少陪伴，缺少的是懂你敬你助你的良师益友。

人生最大的痛苦莫过于结识了不该结识的人，走了不该走的路，享受了不该享受的果实。

人在心里不看路，路在眼前不识路。

停步没有退路，前进才是坦途。

退路，常常成为某些人一生的转折点。

在人生的十字路口，朝前走是一条活路，朝后退是一条死路。

头脑简洁的人，人生也简洁。生活臃肿的人，人生也臃肿。

贪婪让你走上绝路，良知让你走上仁爱大道。

人生的道路上有道道坎，迈过了道道坎，就可以见到人生的曙光。

5

人生路上会跑的是智者,会走的是强者,停滞不前的是懒虫。

人有多种活法:有的人活得洒脱,有的人活得心力交瘁;有的人活得春风得意,有的人活得一败涂地。

我也曾经醉倒在青春的路上,我也曾经生活在他人的生活里。后来,我才明白,美好的东西一旦失去,将不再属于你。他人的路再好走,不如走自己的路。

困境,每个人一生都会遇到。有的人面对困境潇洒自如,变困境为机遇;有的人面对困境愁眉不展,困境变成拦路虎。

有人在羡慕他人中度过一生,有人在嫉妒他人中度过一生,有人在学习追赶他人中度过一生,有人在布满荆棘、充满风险的创新之路中度过一生。

世界上没有一条现成的路供你去走,也没有现成的经验供你去套用。你的人生之路,说到底要靠自己摸索着去走好。

若是你将吃苦当作人生的历练,那么你的人生之路将会精彩无比。若是你将吃苦当作吃亏,那么你的人生之路将会处处碰壁。

人生迈出了第一步就没有了退路,只有义无反顾地朝前走,一直走到你希望到达的目的地。

生活

1

生活不能没有色彩，人生不能没有精彩。

对生活理解越深刻，对人生的自信越强烈。

看不透的叫生活，看得透的叫人生。

你看淡生活，生活也看淡你。

对生活越轻薄，对人生越危险。

你亏待了生活，生活同样会亏待你。

对生活虔诚，必将收获生活的丰厚回报。

生活越简约，人生越精彩。

生活只是小场景，人生才是大舞台。

生活充实才有意义，人生拼搏才会精彩。

生活无近忧，人生有远虑。

生活少了热度，人生没有深度。

生活少些纠结，人生多些洒脱。

生活是最好的课堂，人生是最好的教材。

生活质量的高低并非能够决定人生的快乐与否。

生活的点滴进步，寄托着人生前行的希望。

生活点滴养成是好习惯的前提。

生活过得累，皆因你对生活想得太多，要求太高。

2

生活有时是从苦中讨来的甜，人生有时是逼出来的精彩。

生活原本是不亏欠谁的，是你冷落了生活，所以生活才会冷落你。

不去关心生活中的小事，同样不会在意人生中的大事。

不要好高骛远，现实生活就是你最真实的人生。

没有对生活的深刻认识，就没有对人生的远大追求。

生活不见风雨，人生少有彩霞。

人都应当这样自信，永远做生活的强者。

生活的磨难是人生成熟必经的过程。

生活的一角是放大了的人生，人生的一角是放大了的世界。

好奇心，让生活每天都能找到新鲜的感觉。

生活若是淡而无味，适当加点盐也是一种不错的选择。

日子淡了不妨加点糖，日子甜了不妨加点盐。

没有一种生活比你追求的生活，更适合你的口味。

3

生活讲究了，人生开始变得复杂了。

不要去羡慕他人的生活，而冷漠了自己的生活。

读懂了生活的人，才真正知道如何让自己的人生有滋有味多姿多彩。

对生活的抱怨不会让你得到你所想要的东西，反而只会让你增加新的惆怅。

对生活的称心与否，都不能成为你坚持或放弃的理由，追求人生的大目标才是你坚持下去的唯一理由。

对生活的感受，取决于你对生活的态度。你对生活的看法是正面的，就会感到生活是快乐的。若是你对生活的看法是负面的，你就会感到生活是苦涩的。

对生活索取最多的人，往往是对生活奉献最少的人。

对生活太倾心了，对人生的追求就不会那么专注。

对生活追求极致的人，人生大失所望。对生活清淡如水的人，人生收获颇丰。

对一时生活感受的好与坏，不能作为评价生活质量的尺度。

好的生活并非是你能够承受得起的生活，只有你的需求与你的付出相匹配的生活，才是你心安理得的生活。

对于一个人的人生来说，只有抛弃生活中不必要的沉重包袱，才可以轻松上阵。

将生活看淡了，你是生活的主宰。将生活看金贵了，你是生活的奴隶。

热爱生活的人对生活充满期待，每天都有新鲜感。不热爱生活的人把生活视为一种负担，每天生活在无奈之中。

4

人生的可悲之处，不是你的懒惰，而是你杀死了对生活的耐心。

人要会想，才不会为生活中的细枝末节所烦恼。

生活本身其实并不复杂，是过高的奢望让生活变得复杂。

生活本来简单、单纯，是你的过高要求，让生活变得复杂，变得奢侈。

生活不是要你去适应它，而是让你去走进生活，热爱生活，驾驭生活，创造生活。

生活不是一门深奥的学问。你若是对生活简单，生活也对你简单。你若是对生活复杂，生活也对你复杂。

生活的满足感只是针对一时而言，人生的满足感对于你来说，是个遥远的目标。

生活不是你想多少就应该得到多少，而是你需要多少生活才会给予你多少。

———

生活教会你一切，是让你更好去面对生活、面对人生。而不仅仅是享受生活、享受人生。

生活的节奏感是美妙的，只有真正热爱生活的人，才能够领略到这种节奏感给你带来的快感。

5

生活的意义不在于它失去什么,而在于通过淘汰一些毫无价值的东西,不断充实自己的人生。

讲究有时是对生活的尊重,将就则是对生活的轻视。

凡是将就的事,没有一件是令人满意的事。

凡是被人盯着的好事,已经有人捷足先登了,你就没有必要再去凑这份热闹。

凡是如愿的事都是顺理成章的事,凡是揪心的事都是生活中的坎儿,只要迈过这道坎儿,你也如愿了。

太过于执着生活的某个点,你很可能会错过生活的整个圆。

生活中没有现成的答案,要靠你的足下去寻找。

生活中酸甜苦辣,构成了人生中的异彩纷呈。

生活中的玩笑,且当作人生营养中的一种佐料。

只要肯欣赏,生活的美妙就在眼前。

只有你的生活是灿烂的,你的人生才是精彩的。

追逐生活的人,不只是在追逐生活的质量,而是在追逐人生的品位。

做高人需要智慧,做常人只需平静地生活。

世界上没有任何人能比自己更懂自己的生活。

假如自己的生活优于他人,就不会对他人的优厚生活加以嫉妒。

6

假如生活仅仅是为了取悦他人，你将永远得不到自己想要的结果。

有些人每天都生活在他人的故事里，为什么不能够生活在自己的人生故事里？

生活在他人的阴影里，是一种自卑。

生活在他人的心里，你顶多是一位客人。生活在自己的心里，你才是真正的主人。

从青年人荒唐的行为中看到自己的过去，从老年人平淡的生活中看到自己的未来。

生活中无主见的人，只能是他人的配角，做不了自己的主角。

任何一次生活的缺席，都是无视自我的存在。

生活不会亏欠任何人的。如果说生活与你过不去，那只能怪你自己不会生活。

生活无序的人只是打乱了生活的秩序，人生无序则是打乱了人生的节奏。

生活已经给了人们足够多的东西，人们需要的不过是生活中的一部分。不要再去贪求更多的东西，你的消化能力有限。

生活之美在人们的视野里，在人们起伏的内心里，且深深嵌入人们身体的骨髓和血液里。

眼睛中的大则是生活中的小，生活中的小则是眼睛中的大。

7

有什么样的心态,就有什么样的生活。有什么样的追求,就有什么样的人生。

有些事明知是错,没有能力纠正它;有些事明知是好事,没有能力去做好它。

有些事你不去做,不知道做事的艰辛。有些话不说透,打消不了他人的疑惑。

有些事情越是想忘掉,越是不能够忘记。有些事情越是想留在记忆里,越是难以留下。

生活中被人误解是常有的事,不必纠结。只要保持一颗善良的心,时间久了,误解自然会被化解。

不要抱怨,抱怨是多余的。现实生活中,不公平、不顺心的事比比皆是,每个人或多或少都可能遇到。正确的途径是,不畏首,不退让,敢于抗争,才有可能走出不公平、不顺心的窘境。

现实生活中,真正缺少的不是对人的褒奖,而是对人实事求是中肯的批评。

小事尽可以糊涂,大事必须清醒,这不仅决定你的生活质量,而且决定你人生的方向。

心里没有负担的人,生活便有自由。

真正将自己囚进生活的黑笼,不是他人,正是你自己。

生活中的空手道高手,不乏巧言令色的食利者。

造势,是那些既无能力驾驭生活,又无能力改变人生命运的人设的一场盛宴。

8

无论生活有多么艰辛，人生的道路有多崎岖，你应当做一个生活的勇者。

生活中的梦想是目标，是方向，是动力。忘记年龄老年人生活没有负担，忘记经历青年人闯荡没有压力。

一个人在功成名就的时候，能够舍去一切荣华富贵，过普通人的生活，才具有人生的大格局。

生活并不是按照人们的思想脉络在前行，有时候毫无准备地在撞击你的大门。有时候思想上有了某种准备，在那里静静地等待，总不见生活的影子走近。

经历

经历是人生最丰厚的资产。

人生的经历是金钱买不来的财富。

经历是人生的财富，挫折是人生的动力。

经历造成的伤疤越多，成功的希望越大。

经历的丰富，人会变得愈加成熟。

也许只有经历才真正教会你热爱人生，珍惜时间，拥抱梦想。

经历回馈给你的，不是眼前的熟悉而是你曾经的不熟悉。

人们在寻找人生的捷径中，品尝到从未经历过的艰辛。

一个没有经历过痛苦的人，是不会知道痛苦的滋味的。

一个人所经历的艰难辛苦，是人生一笔宝贵的财富。

没有经历的人其人生是一张白纸，经历越丰富的人其人生越精彩。

只有经历过苦难的人才懂得人生艰辛，只有经历过被人鄙视的窘境才懂得做人的尊严。

你没有经历过，给你讲再多的道理也无用。等你去经历了，不用解释说明，你一切都明白了。

人生的经历是一个过程，成功是经历的终点。有的人只要终点的成功，而不要经历的过程，这不是很可笑吗?

对于刚刚走出人生第一步的人来说，世界上没有现成的路，你走出的每一步路都是在探索自己的人生新路。

没有人生的经历，就如同一张白纸，即使有再好的颜料和画笔，也画不出一幅生动的画卷。

经历了也许欢欣，也许痛苦，但这种欢欣或是痛苦，都是人生中的收获，不去经历你什么也得不到。

（二）自强篇

坚强

越挫越勇，越战越强。

从险境中走出来的人，非一般的坚强。

不跌跤不会走路，不受磨难不能坚强。

霸道不是力量，蛮横不是坚强。

每一个坚强的人背后，都有一段苦不堪言的经历。

穷不可怕，只要活得坚强，早晚会让笑你穷的人感到羞愧。

厄运当头，坚强者挺直胸膛勇于面对，懦弱者胆小如鼠落荒而逃。

人脆弱有时不如一只小小动物的耐受力，人坚强远超人应有的承受力。

人们有时候将自己表现得异常坚强，其实，那是蒙蔽他人的一种假象。

姿态

在没有学会走路之前，你的任何姿态都充满稚气和灵动。

姿态，并不是一种行动，它对于身处险境的人来说，却是一种力量。

有些事情需要用语言去表明态度，有些事情需要用行动去表明你的态度。

姿态很重要，无论做什么事情都要摆正姿态，姿态或许是你做好事情的前提。

品性不是看好谁比谁站的位置更高，而是看好那些将姿态摆得最正的人。

理想的状态从来不是正确的唯一。它或许展示别出心裁的姿态，或许展示按部就班的姿态，或许展示符合自己审美观的姿态。

勇气

勇气是人生最大的资本。

勇气是进攻者的刀枪，是奋进者的号角，是身处绝境时的力量。

有勇气去做一件事，就应当有勇气去接受一件事的结果。

不敢去蹚陌生路，只会走老路或者走错路。

面对自己需要勇气。

勇气为你成功鼓劲。

险境是勇者的再造之地。

弱者的坟墓是勇者的宫殿。

生死面前看勇气，得失面前见风格。

敢于面对千军万马，并非有勇气面对自己。

人们有勇气面对他人，却鲜有勇气面对自己。

仅仅有勇气缺少智慧，站不到人生的最高处。

那些明知不可为而为之的人，不是勇敢而是莽汉。

你有能力证明自己的实力，你就有勇气面对他人的轻视。

在人生中，许多人不缺少勇气，而是缺少支撑勇气的内生动力。

有时候获得是一种水到渠成的收获，有时候舍弃则需要足够的勇气。

看透人生是需要勇气的，善待自己是一种很高的修养。

在波峰刀尖上行走的人，骨子里深透着一股子天不怕地不怕的勇气。

人在绝望的时候，心中渴望有个春天。春天可以给予他战胜绝望的勇气。

让他人揣摩而不敢坦露心迹的人，要么缺少勇气，要么出于阴暗心理的驱使。

当一个人有足够的勇气和力量，去行使理智之举，才可以证实一个人的真正强大。

只有内心强大的人才能够做到尊重所有的人，内心弱小的人没有勇气去尊重一切人。

人生需要勇气，倘若缺少了做人的勇气，人生的美好时光没有到来，失败与挫折却早早来到你的面前。

追求

有追求的人生，才是有意义的人生。

你追求什么，就决定着你将来会成为什么。

人生可以淡化对物质的追求，不能动摇对理想的追求。

追求应有度，无度则是幻想。

你追逐什么，你将成为什么的奴隶。

追求越多获得越少，追求越少获得越多。

刻意追求并非所得，顺其自然如其所愿。

刻意追求的东西，没有一个是最终想要的。

追求精致可以做到，追求完美不可能做到。

轻易得到的往往不是所追求的，自己所追求的往往不容易得到。

不要轻言放弃，放弃就意味着希望之灯的熄灭。

只要心中有一片沃土，不愁禾苗长不成参天大树。

生命本是感应鸟，哪里兴旺往哪里飞。

任何一座高峰都高不过人的足迹。

任何有意义的事，都值得努力去做。

找到你自己喜欢的东西，就值得毕生追求。

最不可能的事情往往发生在最不可能的时刻。

你的头顶有一片净空，那是为你飞翔准备的。

当我们仰望星空的时候，正是我们无所畏惧的时候。

只要坚持仰望星空，相信你的人生一定不会输给他人。

仰望星空的人，他脚下一定走得很踏实。

即使你有一双翅膀，也不能够飞翔，因为你的心中根本没有天空，你怎么去飞翔呢？

你不必去做泗渡者，你的心河里已备好了船只，只待你驾驭着自信之舟驶向人生的彼岸。

不敢追求梦想的人，不知道你有没有胆量去走自己的路。

天赋来自父母的恩赐，勤奋来自对远大目标的追求。

远行的足迹清晰地印在身后，喧嚣的声调消失在天空。

路，自己不去走，你永远不知道前方是笔直的，还是崎岖的。

人们既赞美那些功勋卓著者，又敬重那些虽经努力而未获成功者。

尽管某些人一再表白其追求人生的初衷，人们在质疑其出发点是否正确。

期望与现实不匹配是常态，期望越大离现实越远，期望越小离现实越近。

一个弱者的追求是超越前面行走的人，一个强者的追求是超过所有的人。

不要当一个旁观者，去做一个行进者吧。在行进者的队伍里，你会进入自己的角色，找到自己的位置。

人们渴望有一双脚，大地只给了一只鞋。人们渴望有一双手，大地只给了一只臂。人生不会是完美的，任何缺失都有可能在人生追求的过程中得到补救。

（三）机会篇

机会

机会对每个人都是公平的。你对机会不尊重，机会对你不尊重。

机会来了要紧紧地抓住，要知道，并非每一次机会都钟情于你。

到来的机会要牢牢地抓住，已经离去的机会不会再来。

对于机会，自己不去把握，没有人能够去为你把握。

机会或许离你很近，但要抓住它并非易事。

机会要紧紧攥在自己的手里，不能让它逃遁了。

机遇不是你无意中流失的，而是你不在意间失去的。

每个人都有自己的机会，只是机会走近你的时候，你并未及时伸手抓住它。

人不找机会，机会不留人。

人生中不缺少过错，也不缺少机会。

快人一步抢得先机，慢人一步坐失良机。

机会擦肩而过，它在寻找更合适的主人。

人生最好的机会只有一次，错过了第一次就不会有第二次。

最好时机是被错失的良机，最好的路是不再后悔重走的路。

人在岁月的时光里乞求机遇，但机遇总是姗姗来迟，与你擦肩而过。

机会并不会如你所愿，在你需要的时候到来，在你未准备好的时候不来。

机会来了，你没有决定是否抓住机会。等你决定了要去抓住机会，此时机会已经走远了。

机会有时候很难把握，在不经意间机会来了，你没有抓住它。在你有了充分心理准备的时候，机会又迟迟不见到来。

机会总是一次次与你擦肩而过，你抱怨机会对你不公。可你未曾想过，你对机会公平过吗？

机会其实离我们既远且近，珍惜机会的人机会与其离得近，看轻机会的人机会与其离得远。

机遇或许在门外，在途中，在人生经过的每一处附近。或许与你擦肩而过，或许被你紧紧攥在手中。要看你以怎样的态度去对待机遇。

剑失去了锋利不应责怪剑柄的迟钝，人的落魄不应埋怨机会的过错。

若是花错过了盛开的季节，只会匆匆地飘零。若是人错过了机会，或许还有新的机会。

困难与你作对，也给了你坚强的机会。

面对人生前程，付出了可能有风险，不去付出根本没机会。

若是你不刻意去追求成功，埋头苦干，你获得成功的机会比任何人都大。

若是在棋盘上悔棋还有机会，在人生的棋盘上悔棋没有人会给你这个机会。

世上的好事不可能由一个人去独占，每个人都应当有机会，只要努力。

人生之路 | 033

自己的懈怠，是送给他人的机会。

失败送给了人生机会，挫折开辟了人生路径。

他人的失误，是自己的机会。自己的失去，是他人的所得。

一个人的失去是另一个人的所得，一个人的失误是另一个人的机会。

羡慕上苍给予他人的机会，不如今天抓住上苍给予自己的机会。

无论如何我都要感谢你，不是你的失误，不会有我今天的机会。不是你的放弃，不会有我今天的坚持。

有无数个失去的机会，就有无数个未来的机会。

勇敢不等同于机会，但勇敢却可以赢得许多机会。

一个人的出路，不在于其机会多少，而在于去做怎样的选择。

有些事不去做不知道难，有些机会不去抢不知道哪一天离去了不再来。

有些事慢慢地去想，才会想得明白。有些事只争朝夕地去做，才会抓住机会。

有一些顺遂的事可能是机会帮了忙，有一些受挫折的事可能是内心的不给力。

有些事急不得，急了出乱子。有些事慢不得，慢了失去机会。唯一的办法，是根据事物的变化决定你的速度。

掌控机会要靠双方的诚意，你对机会热忱，机会走近你。你对机会冷淡，机会离你而去。

只认可机遇不认可能力的人，如同只认可树木不认可森林。

放弃等于束手待毙，争取或许是唯一的机会。

不要为一点小利去斤斤计较，属于你的机会依然很多。

马虎的结果是灾难性的，谨小慎微有时候也会错失好的机会。

一个锋芒外露的人，必是处处树敌。一个生活低调的人，他人处处给予其机会。

人生的不确定性，不是机遇的来去造成的，而是思想的飘忽不定造成的。

有些人是在坐等机遇或羡慕他人拥有机遇的心理驱使下，耗掉自己的青春年华。

选择

1

你选择走什么样的路，将决定你会成为什么样的人。

人生中有多种选择，但正确的选择只有一种。

人生路千条，自己选择的路最看好。

人生没有路是相同的，自己选择的路就是最好的路。

人若是不去主动选择人生，人生就会选择你。

选择好一条路比走好一条路更重要。

选择决定一个人一生的前途命运。

今天的抉择，决定着明天的人生。

选择适合自己做的，而不是最好做的。

人生的选择，不取决于你有多么大的能量，取决于你走怎样的路。

选择什么样的行进路线，决定你有什么样的归宿。

当自律对一个人不起作用时，他律成为唯一的选择。

选择对了人生之路，就意味着你的人生已经开启了美好的前程。

你可以选择人生的多种路径，但真正能让你走上坦途的只有一种路径。

选择也有出错的时候，不要责怪他人。大不了重新选择，重新开始你的人生。

2

错过了就别后悔，重新开始是唯一的选择。

选择最初的愿望，舍弃最终的所得。

不能选择的选择可能是最好的选择。

你选择的人生之路，就是你一生的活力源泉。

人生之路，没有一条是现成的路。路的好坏，全要靠自己去选择，全靠自己的脚去丈量。

不必顾忌他人的看法，重要的是做好你手中的事情，走好自己选择的人生之路。

当你选择稗子的时候，你将与谷子为敌。当你选择强大的时候，你将与懦弱为敌。

道理不经过几个来回说不清道不明，人生不经过几个来回辨不清方向，选择不好道路。

　　对人生之路的选择，如同在赶一场大考，考试的结果如何，事关人生的前途命运。

　　对于人生来说，自己的选择可能不是最好的，但却是自己真正需要的。

　　反复比较，反复磨合，最终才能作出正确的选择。

　　好马要配好鞍，好的人生需要选择正确的路径。

3

　　一个正确的选择，常常不是出自你的心愿，而是出自你的理智。

　　世界给了每个人一切，能否走好自己的路，追求自己向往的生活，全在于自己的选择。

　　既然选择了简单，就不要再去追求复杂。既然选择了真诚，就不要再去做虚假。

　　既然选择了就没有后退的余地，不论是顺境也好逆境也罢，你都要勇敢地朝前走，最终的结果不会令你失望。

　　天底下没有一条单独为你铺设的路。摆在你面前的选择是：要么重复走他人走过的路，要么另辟蹊径走出一条新路。二者必居其一。

　　江有选择溪无选择，人有选择路无选择。

　　身处竞技场拼搏是唯一的选择。

　　不是美选择了自己，而是自己选择了美。

有时候人们去选择孤独,只是没有更好的选择。

如果人生缺少了追寻的心愿,那么随波逐流将会成为其唯一的选择。

一个聪明人选择的方向不会轻易改变,一个愚蠢的人对其选择的方向经常变来变去。

一旦确定了人生的目标,选择了人生的方向,你就要脚踏实地,不懈努力地去实现它,而不应有丝毫放弃的理由。

只要你选择的道路是正确的,无论从哪个方向出发,最后都会到达理想的终点。

自己的初衷,人生的选择,人生所迈过的沟坎,人生的喜怒哀乐,都将成为自己的自画像。

可能存在于一切事物之中,选择只是找到了其中的一种可能。

4

重要的不是你去怎样选择,而是去找到一条更适合自己走的路。

人们并不能轻而易举地就可以找到一条适合自己发展的道路。一条正确的人生之路往往经过当死的欲望大于生的欲望时毁灭成了唯一的选择,当生的欲望大于死的欲望时前行成了人生的支撑。

人生的选择如同走进考场,考试成绩好的人是人生的优等生,考试成绩不及格的人是人生的劣等生。

现实中很多人只有在自己被逼得无路可走的时候,才会重新考虑自己的选择。

心里轰轰烈烈是一种幻觉，回到脚踏实地的人生中才是唯一正确的选择。

漂泊再久的人，最终都要选择一个适合自己居住的场所。

茅草不择泥土四处生长，娇嫩的花儿只能在温室中生长。

心中没有戒尺，放纵就会成为其人生的唯一选择。

一个人可以选择自己所走的路，无法选择脚下的大地与头顶的天空。

在山言山，在水言水，在没有山没有水的时候，最重要的是做好自己。

梦想

用梦想点燃心头的明灯，让生命之花在人生的征途中绽放。

弱小者的生命总在做着强大的梦想，强大者在精心固守它的疆域。

每一条生命都是可爱的，每一种梦想都是美丽的。

在追梦的世界里，筑梦的人最先到达梦想的顶点。

梦想栽下幸福苗，汗水铺就成功路。

山重无疑路，人生如梦来。

不要让渴望变成你的噩梦。

寂寞无助时，让梦来唤醒你。

心圆不了的事情让梦去替心圆吧。

梦会为你助跑，但不会代替你前行。

心灵的彼岸，寄托着一个人远大的梦想。

任何一个伟大梦想无不根植于文化的厚土。

每个人心中都有一座圣山，这座圣山就是人生美丽的梦想。

梦想是需要勇气的，对失败者来说尤其如此。

假设只是一种猜想，大多数假设都会胎死腹中。

幻想如果占据了你的灵魂，那么梦想与现实就远离了你的视线。

你可以缺少心眼，不能缺少信仰；你可以舍弃一切，不可以舍弃梦想。

与其费力地将碎片似的幻影编织成彩虹，不如用心去编织美丽的梦想。

看见你在人生路上坚韧地跋涉，如同看见星空中那颗最亮的星星。

起初，我以为星空离自己十分遥远。后来，我才明白，其实星空离我们很近，就在每个人的内心。只要走近它，就能触摸到它。

弱小的生命并非没有自己的梦想，一只小小的蚂蚁也有搬走一座大山的雄心。

某些人在梦想与机遇面前常常错位，有梦想的时候机遇没有到来，有机遇的时候又错失了梦想。

行动

1

伟大的抱负，始于伟大的行动。

行动比语言更有力量。

行动远比承诺重要。

行稳致远方是人生的律动。

豪言看到的是外表,行动看到的是实质。

再响亮的口号,不如一个无声的行动。

做得多的人说得少,想得远的人走得稳。

承诺无论多么高调,最终要看兑现。

大话连篇不痛不痒,掷地有声句句见效。

话说得惊天动地,事做得风过尘飘。

脚下的功夫比嘴上的功夫更靠谱。

不怕你说得好听,要看你做得怎样。

调门最高的人,往往是行动迟缓的人。

说得最多的人是做得最少的人,说得最少的人是做得最多的人。

表态最多的人,表态是不算数的。表态最少的人,是一锤定音的。

喊得响的人并非是做得实的人,享受最多的人并非是付出最多的人。

一个人的诺言不在于他已经说了些什么,而是看他已经做了些什么。

勤于做事的人不动声色,虚张声势的人大多不做实事。

看一个人如何在说,就知道他下一步该如何去做。

2

你想证明什么不需要你解释,而是需要你去行动。

所谓的先天优势，不过是他人比你先行了一步。

马的出息在四蹄上，人的出息在作为上。

想到了还要做到，做到了还要拥有。

想得多，你并没有解决问题的能力；想得好，你并没有吃苦的毅力。

说在前头的人，不一定干在前头。干在前头的人，不去说在前头。

倘若你有抱负，你会有实现抱负的动力。倘若你不想去作为，你会有不去作为的理由。

成大事者往往从不起眼的小事做起。

江河溯源追寻到小溪，人生辉煌始于起步。

一步不实，十步踏空。

起步不稳，终局难好。

行得稳，才走得远。

能够放下的人，才能够行得远。

行得远不如行得稳，爬得高不如立得直。

脚板不硬莫去行远路，腰杆不直莫去充好汉。

你要行得远，就不要有片刻的犹豫。犹豫只会影响你的行程。

3

想好你要去的地方，不要迷失在行进的路上。

鸟飞得再高终究要回巢，人行得再远总会有终点。

再好的思路行不通，等于没有思路。再好的路不去走，等于没有路。

有点子是一回事，将点子变成现实又是一回事。

坚守，就是所有的人离开了，你一个人还在独自前行。

有些人在言辞面前是一位演说家，在行动面前却是一位沉默者。

有些想法需要用语言说出来，有些想法则需要用行动去见证。

激励的目的在于调动人的积极性，而非人人去享有福利。

褒奖对出点子的人来说，是加时赛。对于渴望褒奖的人来说，是雪里送炭。

欲望总是高过它的需求，口号总是高过它的行动。

再好的谋划要看它的效果，再迷人的言辞要看它的行动。

真正的作为不在你言说的时候，而在你行动的时候。

作为不是要给他人看，而是要证明自己的行动。

嘴巴好的人尝尽甜头，手脚快的人做事跑到他人的前头。

谁先起跑不重要，重要的是谁第一个到达终点。

4

设想只是一个框架，能够实现价值的东西都是由细节加以证实的。

人们往往倚重的并非是最能干的，最能说的并非是最会做的。

对那种夸夸其谈的讲演，人们并未用心去听。而那种不用声音而用行动表演的人，人们倒是饶有兴趣地欣赏。

天上有不降雨的云彩，地下有不结果实的果树，人间有只会唱高调不会做实事的狂人。

调门高的人，往往是说话的巨人，行动的矮子。

鲜花虽好不可四季绽放，美酒虽好不可无度，理想虽好不付诸行动如同空想。

欣赏他人花开花落，不如自己去做一回惊天动地。

许多事你不去想，勾不起心中的念想；有些事你不去做，根本没机会。

不要在意他人说些什么，重要的是你做得如何。

春天是规划人生未来的季节。

想成长得快一点，不要待在熟悉的地方，而是到陌生的地方去，经历你未曾经历过的锻炼。这样，你才会变得强大起来。

付出

1

想得到，先放弃。要享受，先付出。

只管付出，莫问回报。

凡有付出，皆有收获。

付出的，早晚会得到回报。

付出就不应当去考虑它的回报。

付出与回报成正比，贪婪与付出不成比。

在你付出所得的时候，你又将拥有新的所得。

在一个地方付出，会在另一个地方得到回报。

不要怕付出太多，这是成功的必经过程。

2

褒奖是对每位付出者的肯定，牢狱则是对罪犯的惩戒。

不付出劳动的所得，那不叫收获，顶多是他人对你的馈赠。

当你的付出得到他人的赞美，这是他人给予你的最好犒赏。

奉献者从不考虑回报，索取者从不考虑付出。

付出得到的是回报，伸手得到的是掠食。

回报与付出不成正比的时候，回报有可能成为一种贪婪。

付出与回报不对等是一种正常状态，付出少的人总想过多地得到回报，付出多的人往往得到的回报很少。

付出的时候，你尽可能大气些，让付出耀眼夺目。回报的时候，你尽可能小气些，让回报瓜熟蒂落，顺其自然。

舍不得羊套不住狼。付出是获取所支付的必要成本。

舍去是一种发自内心的豁达，拥有是一种付出后的获取。

伸手者非付出者，负重者非享用者。

贪占他人的便宜，付出钻心的代价。

说得动听的人，并非有真心的付出。

力是出了，不讨他人的好。这看似他人不领情，实则是渴望他人对自己付出的认可，抑或得到某种利益的回报。

如果你的付出是廉价的，你的所得是微不足道的；如果你的付出是艰辛的，你的所得是有价值的。

世界对每个人都是公平的，只是因为每个人的付出不同而获得有所不同。

看他人的成功饱眼福，看自己的付出长心力。

为他人铺路，无疑是在为自己寻找今后好走的路。

你要享受什么样的成果，必须要先付出什么样的代价。

在同一件事上，每个参与者都认为自己的付出是最多的。

真正的划算，不是你的赚到而是你的付出让众多人受益。

付出最多的人并非是回报最多的人，付出最少的人恰恰是享受最多的人。

自己的心血和汗水会不会白白付出？时间会给你一个满意的答复。

与他人去比要比你的付出是多少，与自己去比要看今天与昨天的收获是多少。

（四）挑战篇

挑战

所有的过去都是昨天，今天你迎接的将是新的挑战。

软肩臂挑不起重担子。

软肩臂挑不动百斤担，硬脚板能行万里路。

赌博场上没有真正的赢家。

动力是压出来的，潜力是逼出来的。

强者

善待他人，是强者作出的最大慈善。

从弱中看到强的是强者，从强中看到弱的是智者。

真正的强者，不仅不会欺辱弱者，而且还是弱者的保护神。

伟大出自渺小，强大出自弱小。

吃亏是福，受难是强。

身虚撑不起硬强。

恐惧是你强壮的磨刀石。

强大队伍中有懦夫，弱小队伍中有硬汉。

再好的谷子里也有稗子，再强的团体中也有懦夫。

强势的卵翼下生长着一种怪胎，那就是为虎作伥。

有强悍的妻子就有胆小的丈夫。

动物角力，看谁更强势。

要有做帝王的野心，需要有强人的材料。

宁可少语，不可妄言。宁可缄默，不可逞强。

大不一定意味着强壮，小不一定意味着弱小。

一味退让必受其辱，一味地强硬其锋芒必折。

台阶给予强者上升的空间，同时又预留了后退的余地。

在同一个地方跌倒，能够爬起来的是强者，爬不起来的是懦夫。

跟跑者只是一个追随者，只有敢于做领跑者，你才是一个真正的强者。

天理也是有立场的。你强的时候，它将你看得很强。你弱的时候，它将你看得很弱。

强者始终站在冲锋的一线，从未有过退路可言。只有那些懦夫尚未冲锋，就已经选择好了退路。

人要经得起各种风险的考验。在风险面前要做一个强者，而非一个弱者。就像一株小草，不管生长在什么地方，都经得住风雨的敲打，顽强地生长。

对一个人的诋毁，往往在证明这个人的强大。

人们往往习惯于通过走上秀场来展示自己的强大。

当一个人真正强大的时候，既不需要去显示也不需要去吹嘘。

人们在其行为中常常敬畏力量强大的人，排斥力量弱小的人。

不要小看弱者，一旦被激怒起来，其凶猛不亚于一头狮子。

误判常常发生在自以为强大或者自以为有把握胜于他人的时候。

能力

提升自身的能力，它将成为你成功的砝码。

心的长大是随着自己的能力在长大。

多大的能力有多大的作为。

有能力改变自己，有能力改变命运。

有能力改变自己才有力量帮助他人。

有能力帮助他人的人，更有能力做好自己。

当有能力帮助他人的时候，就不要吝啬你的钱财。

用心做事不在于能力大小，诚心待人不在于语言多少。

有能力做天大的事，却未必有能力管住一张嘴。

人生之舟是否行驶得平稳，不在航道的宽窄，而在于驭手的能力。

掌控事物的能力，不是在他成功时，而是在他失败之时才显现出来。

一个人的华丽转身，不取决于机遇而在于自身素质的提升。

舞台的大小并不决定角色的强弱，而人的能力起着至关重要的作用。

瞧不起他人的人，不是其能力比他人强，而是其虚荣心比他人强。

敢于打破现状的人，有改变现状的能力；敢于迎难而上的人，有力挽狂澜的能力。

人们总想去做大事，其实能否做大事，不取决你的意愿而取决于你的能力和实力。

看起来是自己与自己在较劲，实际上是个人的愿望及能力在与自己较劲。

有些人的心很大，可是他的能力又很小；有些人看得很长远，可眼前的事又不愿去做。

有些事人们没有能力去做，并不代表着人们不想去做；有些话人们没有说，不代表着人们无话可说。

舞台

人生舞台上，最好的角色是你自己。

敢于走上舞台的都是角儿。

是角色早晚要走上舞台。

是才都有三分奇。

物以稀为贵，人以才为贵。

才能，决定人生舞台的大小。

无论舞台大小，从不缺少角色。

心中似舞台，角色当属自己。

活出存在感。

表演岂止是在舞台。

最好的舞台，需要最好的演员。

甜美的歌声从来不缺少听众。

好的歌手需要好的乐队，优秀的人才需要好的平台。

舞台不在于大小，而在于其表演者的功夫。

会演戏的都是角儿，不会演戏的都是跑龙套的。

戏未开场角色已入场。

厉害角色都有它的硬伤。

吃酒看菜，角色认脸。

吃相难看，扮相抢眼。

真正的角色是无法替代的，能够替代的角色并非好角色。

真正的角色，是始终勇敢地站立在人生的风口浪尖上。

熟悉的地方往往找不到感觉，陌生的地方往往很快进入角色。

人的角色是可以转换的，有时候你看到的是慈眉笑脸的善人，另一个时候看到的是一个面目可憎的恶人。

若非待客之道，所有宴席皆成众人登场众人退场的戏台。

演艺场上，出场的都是角儿，未能出场的只能是后台的场工。

只要弹奏的曲子是美妙的，不论你身在何处，都不会缺少听众。

再大的舞台，再好的演出，缺少观众显得冷清；再长的江河，缺少舟楫看不到它的喧闹。

表演者的表演，既不取决于舞台的大小，也不取决于观众的捧场，而在于表演者的技能。

一个好的演员，不会在意舞台的大小，而是利用一切时机和场所向公众展示自己的艺术才能。

人生每天都在演戏，不是在舞台上，而是在自己生活的每时每刻。

人们不需要到别的地方去寻找舞台，在自己的视野里就有现成的舞台。

人生的舞台上每天都上演着不同的剧目，有的精彩，有的滑稽，有的不温不火。

人生的舞台是自己搭建的，剧情是自己编排的，表演精彩与否，完全取决于你的演技。

人生如同一个舞台，每个人都在这个舞台上面扮演着不同的角色。会表演的扮演的角色惟妙惟肖，不会表演的扮演的角色无精打采。

（五）努力篇

勤奋

勤奋者是在为自己的人生筑路架桥。

幸福始于快乐，成功始于勤奋。

勤奋是打开人生命运之门的钥匙。

勤奋者的人生可期。

勤奋者的内心深处充满着活力与动力。

一个人的能力不在于他的聪明，而在于他的勤奋。

走在你前面的人，不一定比你聪明，但一定比你勤奋。

离真理越近，离谎言越远。离勤奋越近，离懒惰越远。

爱好是人生事业迈出的第一步，勤奋是人生事业迈出的第二步。

勤勉如同一面镜子，立于你我面前，让彼此看到最真实的姿容。

岁月流逝，勤奋者留下闪光的足迹，懒惰者留下不尽的遗憾。

习惯

好习惯胜过一个人拥有的财富。

不能够改变习惯，不能够改变自己的命运。

也许能够改变人生的，不是时间而是习惯。

最难改变的是习惯，最好改变的是形象。

好习惯要养成，坏习惯不养自成。

坏习惯葬送一生，好习惯精彩一生。

好习惯擦亮人一生，坏习惯空耗人一生。

好习惯一生受用，坏习惯使人生处处受限。

改变习惯能够改变人生，主宰习惯能够主宰人生。

转变一个人的思想容易，改变一个人的习惯很难。

思想改变，习惯随之改变。习惯改变，一切都会改变。

习惯可以轻易改变一个人，一个人不容易轻易改变习惯。

好的习惯在扮靓你的人生，坏的习惯在侵蚀你的人生。

坏习惯是可恶的敌人，以至于我们用尽了所有的办法，也难以将它从自己的身边赶走。

今天

做好今天比憧憬未来更为重要。

做好今天比期待明天更为现实。

充实的今天为明天储备了能量。

今日过好明日才好。

今天过不好，明天更难熬。

今天不赶超，明天将被超越。

今天的实力来自昨天的贮备。

走不出昨天的辉煌，走不进今日的精彩。

不要夸耀今天的辉煌，明天同样会精彩。

我们常常为了今天的需要向明天透支。

留恋昔日的荣耀，走不进今日的辉煌。

昨天的太阳不会照耀到今天你的头顶上。

昨天是历史的里程碑，今日是坚实的第一步。

人不要追悔他的过去，而要全力书写好他的今天。

切莫笑话他人，他人的今天或许就是你的明天。

今天的路是明日的桥，今日的汗水是明日的果实。

请记住一个忠告：做好你的今天，才有资格选择你的明天。

昨天的付出成为今天的一面镜子，今天的收获成为明天的一种动力。

不满足于过去，才有可能去改变过去；不满足于今天，才有可能走向明天。

今天的太阳从你的头顶经过，你无视它的存在。明天的太阳不会再给你这样的机会。

过去的美好不如平凡的今天，曾经的遍地鲜花不如今日充满生机的田园。

一个人的昨天不能代表他的今天，一个人的今天不能代表他的明天。

努力

今天的努力是对昨天的回报。

明天成功,始于今天的努力。

今天的懈怠,成为明天的包袱。今天的努力,成就明天的梦想。

不行动永远没机会,不努力永远无结果。

不去努力,你永远不知道自己的希望在哪里。

不上心的话都是多余,不付出努力的梦想都是幻想。

不要小看点点滴滴的努力,正是这点点滴滴的努力造就了人生的精彩。

不要小看你的努力,石头虽坚硬水滴可以将其击穿,珠峰虽高耸人可以将其踩在脚下。只要有恒心,你也会成功。

不要因为生活中的不顺而放弃努力,不要因为一时的成功而乐不思蜀。

人生的努力不是做给他人看的,而是要自己去认可。

不要总是羡慕他人的成功,自己不去努力,永远不会有成功。

成功的取得,有时是在茫然的时候再坚持一下的努力之中。

对人生的寄托,更多的是出于一种心愿,而非去努力成就一项伟大的目标。

对于一个人而言,任何一条路要到达它的终点,都将付出非同寻常的努力。

改变自己的命运,常常不是取决于志向而是取决于努力。

机会是等不来的,成功都是通过努力来实现的。

困难看好最后的坚持者,成功看好最后的努力者。

目标的大小是由志向决定的，距离的远近是由努力决定的。

你是努力还是懈怠，时间是公正的法官。

只有坚持不懈地努力，才会看见人生最美的风景。

只要不服输，只要不停止努力，人生的成功就不会离你太远。

人生的努力，不在于去得到什么，而在于去追求什么。

得到的机会并非是你的运气，而是你的努力。

每一个可能的背后都有一个不可能。

臻于完美的器皿，经过了许多次的冶炼、回炉、打磨和修饰。

任何一个美好的愿望，都要经过千百次的努力去实现。

如果你主动放弃人生的努力，就意味着你已经被人生淘汰出局。

人若是没有信心去取胜的话，那任何努力终将无济于事。

生活可以给予你一切，但不是伸手去拿，而是要努力去争取。

你想成为什么样的人，你就会向你钟情的方向努力。

希望是美好的，而美好的希望需要人们付出艰辛的努力。

羡慕他人的位置，不如通过自身的努力找到最佳的位置。

你可以去欣赏他人的作为，但不可停止自己的努力。他人的作为是一面镜，自己的努力才是坚实的人生。

人生窘境许多时候是自身的原因造成的，人生机遇在很大程度上靠自身的努力作为。

一般来讲，多数人的精神境界和自身能力，都与其艰辛的努力分不开。

潜在的实力并非能够证明你现在的能力，远大的目标并非能够证明今日的努力。

期望是比憧憬离你更近的距离，只要经过锲而不舍的努力，就有可能实现你的期望值。

如果值得拥有，那就尽可用尽全力去拥有。如果拥有有些勉强，那就无须去做不必要的努力。

你可以轻视自己，不可以轻视你的对手；你可以苦了自己，不可以苦了你的朋友；你可以看淡名利，不可以放弃你的努力。

道路是你选择的，机遇是你抓住的，能否实现人生的目标，完全取决你自身的努力。

如果停止足下的努力，放弃人生的梦想，你的人生将会半途而废。

你想成为什么样的人，并不会如你所想。你能成为什么样的人，并不会如你所愿。你真正想做什么样的人，关键取决于你有什么样的追求，你会做怎样的努力。

这个世界很大，人们所处的角落很小。为了显示自我的存在，人们必须通过巨大的努力，让人生有更多的亮点。

任何一种幻想都不能成就你的人生，只有将幻想变成你的不断努力，才能一步一步走向成功的人生。

人生最大的遗憾是：在需要努力的时候没有去努力，等想明白了之后，再去努力已失去了最佳的机会。

（六）学习篇

学习

不学则愚，不思则罔。

终身的成就离不开终身的学习。

耐心让成功变得可能，学习让自我变得智慧。

学习使人聪慧，做事使人精明，思考使人精确。

善于向他人学习的人最聪明，拒绝他人帮助的人最愚蠢。

只要善于学习，愚钝的人也会变得聪明。不善于学习的人，聪明也会变得愚钝。

重要的不是看你如何去学习他人，而是看你怎样去做好自己。

无论做任何工作，只要善于学习，就如同找到了一条通向成功的捷径。

客观地去看待他人，你会发现他人身上具有你身上所没有的优点，学习他人身上的优点你会获益良多。

在土地面前自己不如一个农民，在花园面前自己不如一个园丁，在动物面前自己不如一个猎人，在鱼虾面前自己不如一个渔民，在万物面前自己是一个后来的学习者。

读书

每次阅读都是一次心灵的放飞。

读书是一个人生再塑造的过程。

用眼读书一目十行,用心读书过目不忘。

读书最怕似懂非懂,行路最怕半途而废。

一日不吃饭肚子饿得慌,三日不读书人生无方向。

生活给了人生太多重负,唯有读书才能够使自己如释重负,乐不思蜀。

有道是,磨刀不误砍柴工。读书如同磨刀,在做人生最大最重要的储备。

读书让你站在人生的高处,思考让你更为深刻地认识人生。

视野

视野的宽窄,决定人生格局的大小。

一个人的视野,决定其有多大的作为。

一个人的视野决定着一个人的志向与成长。

胸中有志视野宽。

只有你的眼界变大,你的世界才会变大。

视野越远,天地越宽。心眼越小,路子越窄。

一个人站的角度不同,得出的结论大相径庭。

视野的远近是眼光的投射,意志的强弱是心灵的展示。

付出与获取的比例，取决于一个人的视野。

慷慨不取决于财富的多少，视野不取于地位的高低。

有视觉的人看到眼前的路，有视野的人看到未来的路。

江河的宽窄在你的视野里，行程的远近在你的速度里。

英雄所见略同，只是有的看得深刻些，有的看得肤浅些。

要走出自我，仅凭热情是不够的，扩大视野是走出自我的关键。

视野决定人生的方向，知识决定处理问题的能力，激情决定人生行进的速度。

社会每天都处在变与不变之中，变的是社会发展的日新月异，不变的是某些人固有的观念。

知识

1

知识的温度决定人生的高度。

知识的高度，决定事业的高度。

知识的富有远胜财产的富有。

知识的根基越深厚，人生之花开得越鲜艳。

知识的沉淀，为人生提供了充足营养和能力。

知识使女人更美丽。

知识养颜，气度不凡。

知识一大步，人生一小步。

知识厚一尺，人生厚一寸。

知识的摇篮里躺着未来的巨人。

提升人生的高度，须有知识的平台。

信仰给人生方向，知识给人生力量。

信仰是人生的灯塔，知识是人生的源泉。

信仰给予人生力量，知识是给予人生本领。

信仰引领人生的方向，知识催生人生的高度。

知识增加人生的厚度，健康支撑生命的长度。

知识增强人的判断力，自负毁掉人的自控力。

2

用知识的磨刀石，磨砺思想的睿智。

知识之剑经过实践的磨砺会更加锋利。

知识给你一个聪明大脑，气节给你一副强壮体格。

知识的高度决定人生的厚度，胸襟的大小决定人生的抱负。

知识是撬动成功人生的支点。

知识是人生的大脑，品性是人生的形象。

知识是人生的精神食粮，吃多吃少，取决于对知识的消化能力。

知识是个富矿怎么挖也挖不完，思想是个高坝怎么填土也不显高。

知识是买不来的财富，只有靠学习的途径才能获取人生的财富。

知识是高贵的殿堂，只有对知识怀有虔诚之心的人才有资格走进这所殿堂。

从知识的宝库里去寻找解决人生所有问题的钥匙。

人生与知识的关系，如同机器与齿轮的关系。

人生之花只有在知识的沃土里才能开得鲜艳夺目。

人生是否立得稳，不是取决于知识而是取决于品性。

人的力量随着经历增加而变强，人的视野随着知识增加而变宽。

3

人生需要一双慧眼，分辨人世间的是是非非，而知识则是塑造这双慧眼的良方。

没有知识的高度，就没有人生的高度。没有人生的情怀，就没有人生的精彩。

没有知识的人生是贫乏的人生，没有追求的人生是缺乏责任感的人生。

茂盛的大树扎根于深厚的土壤，成功的人士得益于深厚的知识功底。

改变一个人的命运常常不是取决于决心而是取决于知识。

穿戴的庄重取决于剪裁的得当，人生的庄重取决于知识的厚重。

知识的累积如同人生的蓄水池，思想的涌泉都是源自这一蓄水池。

根扎得愈深的植物长得越旺盛，知识越多的人其人生越精彩。

河无源断流，树无根不活，人无知识不能进步。

内心的躁动源于知识的肤浅。

美丽的面孔须有知识的大脑，才是生动迷人的。

容装让女人绽放美丽，知识让男人彰显魅力。

鲜花因绽放而美丽，人生因知识富有而耀眼。

书籍是五彩的世界，知识是智慧的海洋。

人们在借助知识的花瓣编织人生梦想的花环。

4

开启心智的大门需用知识的钥匙。

眼界的宽窄，不是由年龄而是由知识决定。

视野开阔，看待事物亦透彻。知识越多，人生亦厚重。

气度由胸怀决定，眼光由知识决定。

要让理想能够飞翔，知识就是你的一双坚硬的翅膀。

用知识浇灌的人生之树枝繁叶茂，高大挺拔。

有用之才大都经历了知识的修剪。

在知识的王国里旅行，欣赏到的都是绝佳的风景。

在知识的国度里，只要辛勤耕耘必将收获五彩的人生。

知识越丰富的人思想越深邃，吃苦多的人内心愈强大。

庄稼无肥料生长不旺，人生缺少知识则营养不良。

幼稚皆因知识太少，张扬皆因涵养不够。

将夸夸其谈视为学识渊博的人，是对知识的贬损。

要让自己的形象生动起来，需要不断用知识去充实人生。

纵然你很有天分，假如没有扎实的知识功底，你的人生行不远。

宁静的心灵，在知识的空间里找到它最好的位置。

5

让时光变得毫无意义的，不仅仅是慵懒还有知识的匮乏。

如果说天赋是一件漂亮外衣的话，那么知识就是撑起这件漂亮外衣的躯体。

一个人的素质，不仅取决于其地位、经历、资历，更取决于知识的多少。

一个人的知识是有限的，你视野里目睹的一切只是世界的一角。所以，不断努力学习知识是人的终生任务。

有知识的人生，是充满激情充满创造的人生。无知识的人生，是浑浑噩噩、虚度年华的人生。

自己心目中最敬重两个人：一个是知识比自己渊博的人，一个是比自己勤奋的人。

消费是市场的动力，知识是人生的动力。

信念增添人生的勇气，知识增加人生的厚度。

信心来自你追求的伟大理想，来自你扎实的知识功底。

信念锁定人生的终极目标，只有靠知识的钥匙才能打开它的大门。

知识就像种庄稼，播种了一季才能收割一季。

知识需要累积，知识越多，梦想越灿烂。信心也需要累积，自信心越强烈，人生的力量越强大，赢得成功的机会就越多。

（七）成败篇

命运

不能够主宰自己的命运，将会由他人来主宰。

不成为命运的主人，必将成为命运的奴隶。

能改变自己命运的，一是知识，二是信仰。

相信宿命的人，心中缺少阳光。

人生的定位，决定人生的命运。

能够改变其命运的人，也能够颠覆其人生。

做不到与命运抗争，那就与之和谐相处吧。

相信神灵屈从神灵，相信命运屈从命运。

人捉弄人比命运捉弄人更为凄惨。

命运从来都是看好强者，冷落弱者。

在听从命运安排之前，必须放弃对命运的幻想。

人生的底线失守，意味着人生的命运发生颠覆。

将命运寄托在他人身上，是对自己人生的不负责任。

不向厄运低头的人，才有资格成为命运的主人。

被命运主宰，你就成为了一个失败者。

无论命运如何不给力，我们追寻生命价值的脚步都不能停止。

人的命运是可以改变的，这要取决于拥有什么样的信仰，选择走什么样的道路。

命运之神一次次从你身边经过，又一次次离你而去，是因为你没有表现出足够的诚意。

真正的强大，不是你占有天时、地利、人和的优势，而是那些敢于承认自己弱小，并且通过艰辛努力改变自己命运的人。

希望

希望是灯，它在黑暗中让人们看到了光明，找到了前进的方向。

希望，在你有信心升起的那一刻起已在悄悄等待。

只要是人才都不会荒废，世界上总有一方适合你施展的天地。

坚持源于有了希望，希望给了坚持强大的力量。

新的一天让你看到无限希望，新的起点让你奔向遥远的未来。

机会总是留给那些不怕吃苦的人，希望总是看好那些勇于进取的人。

前方的道路充满了希望，但要到达终点不是一件轻而易举的事。

目标

1

追求人生目标是一个享受人生的过程。

追寻人生目标的过程，是其人生升华的过程。

明确的目标决定着你行进的路线。

每天有个小目标，终生成就大目标。

目标不在于多少，不在于大小，在于可行。

目标越多胜算越少，目标越少成功率越高。

目标越小，离你越近；目标越多，离你越远。

没有目标人生失去方向，没有知识人生失去动力。

没有目标引领的努力是白费力，没有信念支撑的毅力难持久。

目标不在于多而在于能够实现，行程不在于遥远而在于每一步都走得坚实。

目标遥远不是追寻者的困难，困难是来自途中的懈怠。

目标如同方向，若是你的心中有了目标，便有了前进的方向。

2

人生的意义，不是在于你去怎样追求，而是在于你去追寻怎样的目标。

人生应当有自己的追求，目标可大可小，要根据自己的能力、志向和吃苦精神来确定。

江河视大海为尽头，人生视成功为目标。

枪无准星打不准，人无坐标迷失方向。

成功的目标取决于最后一分钟，失败的目标也取决于最后一分钟。

成功与否，不取决于你的目标是否宏大，而取决于你的目标是否切实可行。

今天你成为他人追赶的目标，或许明天他人会成为你追赶的目标。

距离的远近不是人们追求的，目标的大小才是人们最为关注的。

目标与每个人的距离都是一样的，问题是你怎样以最快的速度、最短的时间接近目标。

那种才智弱小、目标高远的人，远比那种才智超群、气度非凡的人更令人侧目。

热情高并非目标大，决心大并非效果好。

想象不会成为一种目标，只是一种愿望。

无论你心中有多么远大的目标，做好每一天是最为重要的。

自信的人对人生充满着向往与憧憬，总是不遗余力地向着人生的目标追寻。

3

心中有目标的人，其选择人生的道路不会出现差错。

心比天高的人，其人生目标如同空中楼阁，海市蜃楼。

要求过高常常让人们的目标落空，不去刻意追求常常收获意想不到的结果。

小的失误发生，可以避免大的失误发生。小的目标实现，可以促成大的目标成功。

人生都有自己设定的目标，有的目标如高山，不经过艰辛的攀登到达不了顶点。有的目标如山丘，不费多大气力就可以越过。

只要你对人生充满无限热爱，并锲而不舍地去追求人生的目标，你一定会得到想要的结果。

只要人生有清晰的目标，无论是顺境也好逆境也好，你的情绪就不会大起大落，最终的目标一定会实现。

成败

1

没有对失败的清醒认识，就没有对成功的强烈渴望。

每次失败都是人生的一次历练。

不去尝试，怎么知道自己不行？

凡事皆有可能成功，只要敢于拼搏。

风险意味着机遇，挫折意味着成功。

敢于笑纳失败，你离成功应该不远了。

黑夜的前方是曙光，风险的前方是成功。

急于成名并非能够成名，急于成功并非能够成功。

出发点决定落脚点，路径的选择决定成功与否。

天下总有一条路，是通向你成功的路。

如果没有经历过挫折和失败，人生就显得过于单调。

失败并不可怕，可怕的是缺乏面对失败的勇气。

失败与成功的答案只有一个：要么一败涂地，要么胜利在望。

不站到高峰不能说成功，不脱离低俗不能说高尚。

成功了，无论怎么说都有几分道理。若是失败了，无论怎么解释，他人并不相信。

2

骏马驰骋千里，是因为有草原的舞台。人生若要成功，心中也应有自己的舞台。

看准的路照直走下去，中途不要停顿，直到成功的终点。

靠自己的双手编织的梦大都会成功，借助他人的手编织的梦成功的可能性微乎其微。

请你相信，总有一天在你跌过跤的地方，将会成为你成功的铺路石。

失败者的冬天，就是成功者的春天。

生活中留心点滴，事业上收获成功。

甜日子是从苦日子倒过来的，成功是从挫折与失败中蹚过来的。

只要你用心去做事，你手中的事情就有了一半成功的把握。

只有经历过无数挫折和失败的人，才真正懂得成功来之不易。

一件事能否取得成功，首先要看你的勇气，其次要看你的毅力。

拥有群星必将拥有月亮，拥有抱负必将拥有成功。

谁想让你失败得很惨，想一想对谁有利，你就知道答案了。

遇事不顺的人，总喜欢将自身的失败归之于客观而不从主观上找原因。

一个人即使有天大的能量，一旦失去了度必败无疑。

一个人失败的好处是，他没有可以失去的东西，可以轻松地重新开始。

自作自受，这是对不听劝告者的一种指责。仅凭这种指责既不能让失败者幡然醒悟，又不能让失败者重整旗鼓。

真正的强人，是在成功的时候不张狂，失败的时候不消沉。

适合自己走的路，才是最好的路。适合自己做的事，才是最容易成功的事。

庄稼人以收成论成败，官员以升迁论成败，小人以得失论成败，常人以幸福快乐论成败。

他人是自己的一面镜子，过去是今天的一面镜子，逆境是顺境的一面镜子，失败是成功的一面镜子。

奋斗之旅

（一）工作篇

奋斗

奋斗者的人生是精彩的人生。

勤劳奋斗，是在享受人生的过程。

非凡的人身后，是一部坚韧不拔的奋斗史。

一件有意义的工作胜过千百次无效的劳动。

离开了奋斗，再好的天赋和机遇都是徒劳的。

机遇是专门为那些敢于吃苦敢于奋斗者准备的。

路是自己走出来的，他人的助力代替不了自己的奋斗。

高楼大厦来自一砖一瓦，人生的成功来自一步一步艰苦的奋斗。

要相信自己的力量，即使遭遇人生的窘境，只要坚持努力奋斗总会改变命运。

当你奋斗并且取得成绩的时候，才真正认识到自己是一个对社会有用的人。

人生不是攒够了力量才去奋斗，而是在奋斗的过程中不断累积进取的力量。

当你醒悟的时候，你不再为小我而是为大我自觉去奋斗，这时才可以说，你新的人生已经开始了。

尊严

没有尊严，是人生的切肤之痛。

面子大于奖赏。

你应当用自己的行为来捍卫自己的尊严。

你不能生活在他人的影子里，成为他人的附庸。每个人都有自己的判断能力，自己的尊严。

脸面如同人的地位、尊严，脸面少一分，地位、尊严失去一分；脸面多一分，地位、尊严增加一分。

眼光

一个人的眼光决定其前途，一个人的奋斗决定其命运。

只有一成不变的眼光，没有一成不变的人。

有眼光的人看人看得准，有远见的人干事想得深。

目光短浅，拘泥眼前。

被小利迷住不可取，眼光放远些，最终收获的不可限量。

有眼光的人看问题朝前看，无眼光的人看问题只看眼前。

有眼光的人并不在意眼前的利益，而着眼于长远的目标。

问题

解决好当下问题比预判未来更重要。

找到问题的症结，比直接去处理问题更为重要。

抱怨，无助于问题的解决，反而使问题累积成山。

会用脑子看问题透彻明亮，不会用脑子看问题一塌糊涂。

指责无助于问题的解决，通力合作才是解决问题的最好办法。

有主见的人，不仅善于提出问题，回答问题，而且善于解决问题。

想得多，你并没有解决问题的能力；想得好，你并没有吃苦的毅力。

简单的道理可以回答复杂的问题，高深的理论回答不了简单的问题。

回避问题无助于问题的解决，只有面对问题才有可能找到解决问题的良策。

在智者那里，复杂的问题也有清晰的答案。在愚者那里，简单的问题找不到答案。

有些事迁就并不能够和谐收场，有些事情态度强硬能如愿解决。关键是要找到解决问题的钥匙。

再好的事情，一个愚蠢者会将其弄得很糟，再棘手的问题，在聪明者手里会找到解决的答案。

将好事看成坏事，将简单的问题看成复杂的问题。不是你的眼睛有毛病，不是你的屁股坐歪了，而是你的心态偏了。

在无关紧要的问题上，不必与他人论短长。在涉及自身进步的问题上，要敢于与命运争高低。

（二）挫折篇

挫折

挫折是人生的老师。

挫折并不是坏事，它可以让你重新开始。

挫折乃是人生的清醒，消亡乃是人生的重生。

人生负重是一种历练，人生挫折是一种清醒。

每一次挫折都在为重新开始积累能量。

不要因一时的挫折，而让你的追求止步。

在顺境的时候莫侥幸，在逆境的时候莫悲观。

不惧怕挫折和失败的人，才有可能真正成为强大的人。

挫折是你前进路上的心结，但也会成就人生的勇气。

吃苦换来福中福，挫折练就硬翅膀。

经历了痛苦再苦不觉得苦，经历了挫折再难不觉得难。

面对挫折和失误，从自身找原因是聪明人，从他人身上找原因是糊涂人。

当人们自以为无所不能的时候，挫折与失败常常找上门来，令人扫兴。

人生中的艰难时刻，是你磨砺意志，成就自我的最好机会。

一个人的能耐，不是看其成功时的表现，而是看其受挫时的表现。

人生中的挫折不可怕，可怕的是难以改变其一蹶不振的心态。

挫折或失败会令你很沮丧，但也会成为你最后成功的动力。

只有经历了人生的挫折和失败，才明白今后的人生之路该如何去走。

困难

1

将困难视为机遇是智者的选择。

困难是机遇，困境有转机。

困难并不可怕，可怕的是人生的脆弱。

困难不去碰到是不会感觉山大的压力。

困难难不倒坚强者，只会让坚强者活得更精彩。

再难的事情，只要心里不叫难，就有办法战胜它。

精神不垮再大的困难压不倒，信心不失再高的山峰敢攀登。

麻烦要来就不是一个，好事要来就不是成双。

对困难的估计不足，常常令顺理成章的事项刻间化作泡影。

困难催生解决困难的办法，矛盾催生解决矛盾的钥匙。

凡事都有其窍门，找到了窍门就找到了打开窍门的钥匙。

懦弱的人见困难退一旁，坚强的人见困难冲上前。

懦弱与困难掰手腕，疼痛的是懦弱。

承受困难的能力弱，成功的概率低。承受困难的能力强，成功的概率高。

困难是人生的磨刀石，人生经历的困难越多被打磨得越发亮丽。

在困难面前，人们常常缺少的不是勇气，而是战胜困难的智慧。

2

人生在磨砺奋进的过程中折射出生命的光芒。

人生中即使再大的困难，只要敢于去与困难较量，最终都不是困难。

想去征服困难，首先要征服自己。让他人信服，首先要让自己信服。

人的恐惧常常不是来自困难自身，而是来自信心的丧失。

对人生有信心的人，是不会轻易被困难所击倒的。

有些人在困难面前是强者，在人情面前是弱者。

一个人面对困难，没有人会替你扛，你只能不屈不挠，负重前行。

对人生顾虑太多，走出第一步就困难重重。

马有压力压出的是速度，人有压力压出的是动力。

幻想可以描绘精彩的华章，但不能缓解眼前的困难。

对事物考虑不周全的惶恐，常常被视为向困难举手投降。

再远目标只要执着就不再遥远，再大困难只要拼搏就不是困难。

能够挡住自己前进的，不是自然界的困难，而是自己心里的梗阻。

能够经受风吹雨打的树木健壮，能够经受困难磨砺的人生坚强、亮丽。

人生反转的时候请记住两个重要节点：一个是极端困难的时候，一个是即将成功的时候。

有这样一群人：清醒的时候是清醒者，糊涂的时候是沉睡者，困难的时候是斗争者，成功的时候是享受者。

当一个人无所畏惧的时候，再大的困难只是脚下的一块石头，任你踩踏。当一个人面对困难胆怯的时候，任何一个小小的困难，都会成为其不能前进的拦路虎。

困难如影随形伴随人的一生，你既不能高看了它，又不能看低了它，正确的态度是思想上重视它，行动上藐视它。

困难站到你面前的时候，昂起头颅；成功站到你面前的时候，不骄不狂；感情站到你面前的时候，爱不释手；亲情站到你面前的时候，牵肠挂肚；友谊站到你面前的时候，信守道义；财富站到你面前的时候，节俭如初；原则站在你面前的时候，不顾及情面；法律站在你面前的时候，刚正不阿。

磨砺

磨难是成就人生的必经之路。

逆境和挫折是人生的磨刀石。

人在巅峰莫轻狂，人在失落莫丧志。

人在磨难的时刻，意志才会变得异常坚强。

经过淬火的钢铁异常坚硬，经过风雨洗礼的人生更加靓丽。

阵痛是人生必经的过程，如同一块玉石非经过打磨不能成为宝石。

倘若你的人生没有经历过挫折和失败，那你的人生无精彩可言。

只有经历过磨难的人，才知道人生的艰辛。只有攀登过高峰的人，才知道道路的险峻。

压力变成动力的前提条件是：人必须具有责任感。

他人成功传导的压力，往往比自身失败产生的压力还要大。

在压力面前，生活中四平八稳的人感受到压力，人生中颇有进取心的人感受到动力。

（三）志向篇

志向

能激励自己不断前进的是志向而非毅力。

心能走多远，人生能走多远。

志向的大小，取决于人生的追求。

只要你有志向，路会在你的眼前铺展。

志向是人生的灯塔，引领着人生去实现伟大的目标。

人生能够走多远，不是看他的力气，而是看他的志向。

有志向的人用心在看世界，无追求的人用眼在看近前。

在险境面前，常常考验的不是你的勇气，而是你的志气。

志向高远的人，不在乎眼前做些什么，而在乎未来去做些什么。

小事看修养，大事看志向。

大事看出一个人的志向，小事看出一个人的境界。

可以轻看一个人的面相，不可轻看一个人的志向。

心声展示人的志向，风尚展示社会的面貌。

比心走得快的是思想，比思想走得远的是志向。

头羊的志向关乎整个羊群的安危。

什么都可以输掉,唯一不能输掉的是你的志气。

鸟的志向在蓝天,鱼的志向在大海,人的志向在未来。

不看好自己,不是因为心中无目标无志向,而是因为自身的力量太弱小。

对那种蝇头小利不屑一顾的人,并非出于远大的志向,而是在掩饰自己的野心以便谋取更大的利益。

对道路的选择,常常不是取决于你的心愿,而是取决于你的志向。

人生的宏大目标,通常不是靠勃勃的雄心,而是靠人生坚实的每一步来实现的。

胸怀、眼界、学识、胆魄构成了伟大人物不可缺少的要件。

抱负

有多大的抱负,就有多大的作为。

抱负让人生强大,信仰让人生自信。

你心中的世界有多大,你人生的抱负就有多大。

良知是做人的基石,抱负是做人的动力。

一个人的素质决定一个人的抱负,一个人的抱负决定一个人的作为。

既然选择了,就没有更改的理由。你要朝着选择的路走下去,直达追寻的目标。

通常来讲,一个有抱负的人,要比常人多付出几倍甚至十几倍的心血和汗水，才有可能实现自己的抱负。

要想成为勇者，你必须学会坚强。只有自己坚强起来，你才能够实现远大的抱负，最终赢得人生的辉煌。

不要小看自己的决心，或许决心在某种程度上只是一个影子，不像月光那样挥洒大地，但影子里面隐藏着抱负，隐藏着一个人的未来。

爱好

爱好不同，各展其美。

腻上某种爱好想离开它不容易。

爱好与志向牵手，成就人生的大业。

爱好成为你的强项，也可能成为你的短板。

爱好最多的人，是离目标最远的人。

爱好过多而不专一，是一个人不能成功的重要原因。

一个人的堕落是从他的爱好开始的。

追捧风雅之人，自己大都缺乏真正的爱好。

追随者的爱好，在领跑者的身影里找到答案。

除非有共同爱好的人，才会结伴而行。

标准是人定的，也是人在修改它，正如人的爱好可以改变一样。

爱好不决定一个人的志向，但至少可以影响或改变一个人的志向。

执着

好的出路既在于选择,也在于执着。

执着的人生是对生命的尊重。

成功在于最后一分钟的坚持。

只要坚持将一件事做下去,成功的一天总会到来。

人们执着在每一点上,让每一点飞溅出人生耀目的火花。

只有在人生的道路上执着地前行,才可能看到前方最美的风景。

执着的人羞于说出执着的理由,夸张的人不时在展示夸张的本性。

只要你坚持跋涉不止,即使暂时落于人后,你仍有可能最先到达终点。

（四）事业篇

责任

责任是驱散懒惰的利器。

责任是一把尺子，量出人生的长短。

有了责任能力不是问题，缺少责任再强的能力毫无作为。

人们往往寻找有利于自己的理由，是在为到来的过失开脱责任。

如果你是有责任心的人，就不会在意担子的轻重，行程的远近。

在责任面前，替你扛的人往往不是你亲近的人，而是不被你看好的人。

在大是大非面前，你可以沉默少语，但不能没有自己的立场。在责任面前，你可以不表明自己的态度，但不可以无所作为。

效率

效率不只是一个人的工作节奏，更是一个人的能力展示。

谁会驾驭时间，谁将成为人生的最大赢家。

惜时如金的人，既懂得时间的金贵抓住一切时机充分利用时间，又懂得抓住有限的时间去做最有意义的工作。

错误

错误有时会是走向成功的敲门砖。

离错误越远离真理越近，离错误越近离真理越远。

错误时常让人清醒，从这一角度上说错误是一笔财富。

犯了错误并不可怕，可怕的是犯了错误不醒悟进而重蹈覆辙。

一个正确的决定，常常诞生在错误的边缘。

对错很难厘清，是非自有标准。

教训是不请自来的老师。

将失误归咎于局限性，是最好不过的借口。

借口成为某些人掩盖事情真相的工具。

自己的失误，是送给对手最好的礼物。

那种将局部当全局的人，是让局部蒙住了双眼。

鲁莽人的最大错误，是不能控制自己的冲动。

人要是选错了路，每一步都不顺。

若是购错了物可以退换，若是走错了路难以回头。

走错一步棋影响一局棋，走错一步路影响人一生。

错过了最好的季节，最后收获的是两手空空。

再愚笨的人总有他的聪明之处，再伟大的人物也有他的过失之处。

只看重个人的能力，轻视对事物的正确判断，其行事岂能不出差错？

事无论大小都有各自的道理，事无论对错都有其共同的是非标准。

聪明用在聪明的地方，是节省资源。聪明用在错误的地方是浪费资源。

一个小的错误不重视，酿成大的错误。一场大的胜利忘乎所以，前功尽弃。

臆测最容易发生偏差，正确的方法是深入细致地了解，再得出自己想要的结论。

错误或许给人生和工作生活带来损失或不便，同时也给人生带来了醒悟，避免今后的人生少走弯路。

如果你的出发点是错误的，无论选择什么样的道路，都不可能到达你希望到达的终点。

做事

1

用心去做事没有做不成的事。

将每一件小事做好，是做好大事的开端。

世上只有偷懒的人，没有做不成的事。

只要肯用心，所有的事都会做得风生水起。

只要你有信心去做事，成功的可能性始终是存在的。

只要是想好的事，就要大胆地去做，不论成功与否。

小事做不好的人，大事更做不了。

喜欢做的事，就是你坚持下去的理由。

没有热情做不了事，没有毅力做不了大事。

只要专注于一件事，就不要去想这件事会有多难。

有做好一件小事的细心，不缺少做成一件大事的雄心。

做事不是为了给他人看，是在充实自己的人生。

将一件好事办好，不取决于你的热情，而取决于你的责任。

凭一时的热情做不好事情，持之以恒的努力才是最重要的。

心大的人往往只能做小事，心小的人都能够做大事。

2

许多事不是想不到，而是做不到。许多事不是不想做，而是无力去做。

注定要去做事的人，征途上无论多么艰难，都不能动摇他的决心。

人们在有些时候做事，不是取决于你的能力，而是取决于你的热情。

好事总是留给那些用心做事的人。

多做事，少妄言。多请教，少卖弄。

明里在做事，暗里在做人。

做大事不图炫目，做好事不求留名。

不要瞧不起小事，做大事的人都是从做小事中成长起来的。

轻视小事的人，办不成大事。轻视大事的人，只能去办小事。

对小事不屑一顾，做好大事的可能性微乎其微。尊重他人的劳动，是对自己劳动的尊重。

说话口满，做事肤浅。

什么都想做的人，什么也做不好。

凡事做足了功课，胜算就有了把握。

凡事了然于胸，才不至于事到临头措手不及。

出发点不正确，无论你怎么去做都是错的。

错过了不要后悔，大不了一切再重新开始。

做事往前赶的人总是主动，做事往后拖的人老是被动。

拥有是一件好事，能否如愿，要看你去做怎样的努力。

有准备与无准备的区别就在于，一个是用心在做事，一个是用力气在做事。

说得动听的人，是做事最差的人。不声不响的人，是做事埋头苦干的人。

3

不想做事的人不缺少理由，想做事的人不需要理由。

没有对事情的深入了解，就没有对事情的独到见解。

不愿做事的人空有一身行囊，乐于奉献的人是在分享人生的价值。

一件小事做不到位的人，不要指望他能够去做好大事。

一生不做坏事的人世上不少，一生不做错事的人世上难找。

做得好事的人未必能做得好人，做得好人的一定可以做得好事。

一个人想去做的事，没有人可以拦得住。一个人不愿做的事，没有人可以推得动。

急于成功的人，并不急于去做事。

怕担责就不要去做事，怕吃亏就什么事也做不了。

干大事者不拘泥于眼前，只做小事者跳不出眼前。

豪爽之人做事干净利落，吝啬之人做事拖泥带水。

会演戏的人一生都在演戏，做事的人一生都在默默无闻地做事。

莽撞的人做事，做一件输一件；细心的人做事，做一件成一件。

想得最深的人，是做事最细的人。考虑简单的人，是做事肤浅的人。

4

实在的人，是用心而不是用语言去证明他的人品。虚假的人，是用嘴而不是用行动去证明他的人品。

带着疑惑的眼光去做事，没有成功的可能。带着赞许的眼光去做事，成功不会很远。

不要好高骛远，做好你手中的事是眼下最重要的。不要想得太多，太多的事无从下手，择一事去做好才是最好的选择。

做事耗时很多的人并非很努力，做事耗时很少的人并非无效力。

轻言放弃一件该完成而未能完成的事情，是自己一生做得最没有出息的事情。

将想去做而无力去做的事暂时放一放，等时机成熟后再去做。眼下集中心思做好有能力做的事。

那个自称能量无限的人，是一位做人做事让人胆战心惊的人。那个自称腼腆的人，是一个到处惹是生非的莽汉。

其实，事情的成与不成，取决于你的态度。用心去做事即能将事情做好，不用心去做事，即使再简单的事情也难以做好。

人们在出发之前，必定选择好了行进的路线，并且对最终到达的目的地，心里已经有了些许把握。

只有用你的身心去做事并且将事做成功的时候，你才能够真正感觉到自己是一个很棒很有用的人。

（五）行动篇

信念

信念是支撑人生前行的最大动力。

对信念的虔诚，是你人生执着的力量。

超越的背后，是信念在发力。

你信奉什么，就会敬畏什么。

相信鬼神，自己就是鬼神。

敬神则有神，信鬼则有鬼。

相信鬼神离不开鬼神，相信上帝离不开上帝。

信念支撑人生坚固的大厦，汗水铺就人生的成功之路。

人们相信运气甚于相信自己的实力。

某些自命不凡的人，只相信自己的能力，不相信他人的能力。

一位医生说，太洁净的地方不利于健康。一位哲学家说，轮回是生命的最高形式。我是应该相信医生的，还是应该相信哲学家的呢？

为了博取他人的眼球，某些人试图通过造势让他人相信自己已将成功收入囊中。实际上他不过刚刚做出少许努力。

你想成为一个什么样的人，注定你会成为一个什么样的人。

信念不仅仅增添了你的胆量，而且让你一生行稳致远。

自信

自信是成功的前提。

自信是人生的优雅。

自信过了头人生要碰头。

自信让你清醒，也让你自大。

自信不要自负，自尊不要自傲。

要相信自己，才有走出去的动力。

任何决定都来自一个自信的大脑。

自信的人，每天都在刷新自己的形象。

一次美好的邂逅，让你找回了人生的自信。

小贩的自信与百万富翁的自信没有什么两样。

不要相信他人的磨刀石如何管用，自己的磨刀石同样可以磨砺出锋利的刀子。

无论你的人生多么落魄，都不应该对自己失去信心。要相信自信的人会有起死回生的那一天。

信心

人不怕没有远大目标，就怕对自己没有信心。

对生活有追求的人，对人生有信心。

你对世界有信心，世界对你有信心。

信心不是在成功的时候最耀眼，而是处在险境的时候最耀眼。

信心非一个人的意志力，乃是一种信仰的力量。

姿态决定你的高度，信心决定你的力量。

信心是勇气之源，有多大的信心就有多大的勇气。

信心是做好事情的前提，毅力是做好事情的基石。

对自己有信心的人，才敢于走向人生的竞技场，与他人一比高低。

信心的种子是会破土出芽的，只是需要你多去培土、施肥、浇水。

如果执拗地干一件不能成功的大事，不如信心满满地去做好一件小事。

差距是在一件件小事中拉大的，信心是在一步步进取中生长的。

看得起自己，你才会对自己有信心。对自己有信心，你才会去改变自己的命运。

仔细想一想，做什么事都不容易，做人只要有信心，不怕吃苦，敢于拼搏，什么样的困难在你面前都不是难关。

言必称哈佛，就是对自己没信心。

希望可能就在失去信心的那一刻丢失。

害怕他人超过自己，是对自己信心不足。

揪住他人缺点不放的人，是对自己缺乏信心。

只有对自己缺乏信心的人，才对自己的前途忧心不已。

自己做不好事，不是自己不努力，往深里说是对自己没信心。

看不到自己的长处，人生缺少信心。看不到自己的短处，人生故步自封。

心态像盏信号灯，当对人生充满信心的时候点亮绿灯，当对人生失去信心的时候点亮红灯。

信心缺失或许是你失败的真正原因，你将对手的力量看得过于强大，将自己的力量看得过于弱小。

假如对自己失去信心，那将失去的不仅仅是自身而是整个世界。

行为

行为是在给自我画像。

行为是语言的试金石。

举止代表形象，言辞坦陈思想。

豪言最后都要用它的行为去检验。

无声的行为胜过响亮的诺言。

行为的效力远远高于口号的影响力。

不在乎其言辞而在乎其行为。

嘴上功夫绝代替不了足下的功夫。

足下的功夫比嘴上的功夫靠得住。

嘴上功夫强，脚下功夫弱。脚下功夫强，嘴上功夫弱。

不要轻易相信一个人的决心，而要去看他的作为。

挂在嘴上的十句话，不如落在地上的一句话。

离经叛道的行为，常常被视为非正当性的行为。

头羊的行为群羊仿效。

行为上的懦弱，映出心灵的颤抖。

人悖理行为作恶，天悖理人类遭殃。

嘴上喊德行的人，其行为并不高雅。

一个高尚举动，胜过千百个猥琐行为。

无知的人，自认为其无知的行为理所当然。

人们对不良行为的抨击，常常误伤自身。

人们在指责一个人的不良行为时，却鲜有人站出来帮助其改正不良行为。

对犯罪者的行为不闻不问，如同犯罪者的帮凶。

诺言的权威性，取决于践行者的速度和深度。

感恩不在于你的行为大小，行为早晚，而在于点滴。

哗众取宠的行为可以博取人的眼球，但不能令人信服。

依我看来，卖弄小聪明，若不是一种欺骗行为，也是一种过失行为。

一种离经叛道的行为，犹如在人生平静的海面上掀起一场海啸，波及其余生，决定其人生的走向。

一言一行是自己的形象，一举一动在他人的视野里。

把握住你的行为，才能守护好你美好的心灵。

（六）超越篇

自强

自强扶不强。

自律者近乎苛刻，自强者近乎舍命。

自立自强是打开人生大门的唯一钥匙。

一个自信自强的人必定是一个有良知的人。

自立自强的精神，是多少金钱也无法买到的财富。

超越

任何一次超越，都要做好死后再生的准备。

假设不是存在，而存在超越了所有的假设。

人生不能自我超越，在很大程度上受到功利性心理的节制。

拉大旗作虎皮并不可靠。要超越他人，关键取决于你自身有多强大。

进取

让进取心成为一种习惯而非一时的动机。

向上进取的力量，是人生永不止息的动力。

知足者常乐，知不足者常思进。

一个人的进取心，决定着一个人的成长路径。

能认识自身的过错，也是一种进取。

不进步必退步。

进一步退两步，看似进步实则退步。

对于一个有进取之心的人来说，摆正位置是一生需要学做的功课。

人若失去了上进心，如同车辆失去了动力，再也不能前进。

好走的路已经有人捷足先登，崎岖的路正等待你去走。

能够推动自身前进的并非只是自身的力量，不乏众多的推手。

现实是一面镜子，一个人的进步与否，都能够从这面镜子里反射出来。

如果固守在旧的一端不再前进，下一个被时代淘汰的将是你自己。

探索

世界上的一切事物都有值得探索的价值。

在探索的道路上，谁能抢先一步，谁将引领未来。

探路的比走路的更能感受路途的艰辛与遥远。

在做一个新尝试前，要做好承受脱胎换骨般痛苦的准备。

每一次的得到都要付出沉重的代价，每一次的付出都让人不堪回首。

好走的路都是他人走过千百次的路，不好走的路值得用心用力去走。

凡事做足了功课，就找到了应对的妙方。

你的心里能想多远，你眼前的世界就有多大。

即使弱小的生命也能够发出生存的强音。

无论人们在探索的道路上有多么成功，但未知的领域仍层出不穷。现在的成功只能说在探索的道路上刚刚走完了第一步。

（七）成功篇

成功

成功者是在用心血和汗水收获人生的精彩。

一个人的成功，有时会成为众多人的动力。

人生的成功与否，在很大程度上取决于用什么样的态度对待人生。

人生成功的路只有一条，那就是用心血和汗水等特殊材料建造的路。

成功者常常是最后享受果实的人。

成功的终点，则是你人生的另一个起点。

捷径是最接近成功的路，但也是最难寻找的路。

也许失败会让某个成功夭折，但成功会笑到最后。

怯弱的一面是人生的软肋，刚强的一面是人生成功的底气。

成功就在无数次的失败中，希望就在漫漫人生之路的前方。

英雄成功的路上，总有成千上万个平凡的人在与其同行。

衡量一个人的价值，不是看一个人如何成功，而是看一个人的成功对社会的贡献有多大。

陪伴在他人获得成功的掌声中，你永远也赢得不了他人的掌声。

一厢情愿的事其成功率为百分之零。

一个人的天赋异禀,并不是在认同一个人的成功,天才到成功还有一段很长的路要走。

你想成功必须准备经受磨难,不论前方是激流险滩还是高山阻碍,都不能动摇你的决心。

成长

1

经受考验是人生成长的代名词。

在坎坷中行走,在受伤中成长。

人生磨砺的过程是其成长的过程。

不经历伤痛的过程,人不会成长。

脆弱是坚强的必经过程,痛苦是成长的必经过程。

假如承受不了成长途中的痛苦,你只能在成长的途中止步不前。

人成长,心在伴飞。

树无根须难成活,人无根基难成长。

要成长,就要忍受行进路上摔跤的疼痛。

承认输并不证明你窝囊,而是证明你成长。

过早去打探人生的结果,会妨碍自身的成长。

人们从挫折和失败中，才会真正看清自己。

从他人身上的亮点看到自己身上的弱点。

三尺之内必有芳草，百步之内必有能人。

当有人赞美你时，想想自己的不足，保持内心的一份宁静。

无视自己缺点的人，往往也无视他人的优点。

认识到自己与他人的差距，是一种后发的动力。

找他人的缺点容易，找自己的缺点有点难。

与智者交流如同在照镜子，你能清晰地看到自己与智者的差距。

说的是事，实则是人。说的是经历，实则是成长。

花生不择土壤能落根，人生不择环境难成长。

苔藓生长在背阴潮湿的地方，葵花迎着太阳一路成长。

2

成长需要多的失去，而失去可以助你更好地成长。

不呛几口水学不会游泳，不跌几次跤学不会走路。

伤口溃烂不及时治疗将危及身体健康，思想漏洞不及时修补将危及人生成长。

荣誉不去争，你失去不了什么。身上的毛病若不及时改正，将影响你的健康成长。

严是爱，宠是害。严是让人经风雨，受磨砺，促使健康成长；宠是让你放纵，任其堕落。

看不到自己的弱点，看不到他人的优点，此生一事无成。

一个人的成长很难说不受地域环境或人文环境的影响，但更为重要的是，随着知识的增加和经历的丰富，人会变得愈加成熟。

有的人可以成长为大树的巨枝，有的人只能长成树枝的绿叶。长成绿叶也挺好的，它可是一棵大树的绿荫。

幼稚让度于成熟，粗糙让度于精致，低矮让度于高大，弱小让度于威猛，冷清让度于繁华。世上的万物都有一个成长的过程，都有一个蝶变的过程。

对于一件成长中的事物，不要过早地评价它的结果。过高的评价或过低的评价都是不合适的，只有最终的结果才真实。

种子

一粒种子等同于若干件果实，一颗果实不能等同于一粒种子。

种子的作用，就是带给生命的无限放大和延续。

用心去播撒美好的种子，期待着收获精彩的人生。

春天不去播种，秋天颗粒无收。

一分播种，三分收成。

每一个愿望都想成为一粒种子，生根、开花、结果。

无心人播下的种子，被有心人收获果实。

仇恨的种子结不出甜蜜的果实。

是种子撒到哪里都发芽，是人才放到哪里都闪光。

从某种意义上讲，一粒种子大于一株禾苗，一条小溪大于一条江河。

成熟

成熟让我们站在更高的山峰看世界。

成熟不是心态变老而是心已长大。

现在的粗糙，是为了明天的成熟。

幼稚为成熟铺路，弱小为强大健身。

没有渺小就没有伟大，没有幼稚就没有成熟。

幼稚是成熟的必经之路，弱小是强大的必经之路。

所谓的成熟，是比幼稚的人多走了一段长长的坎坷路。

成熟是将复杂的事情变简单，幼稚是将简单的事情变复杂。

成熟的人不仅会看好人世间的一切事，而且会把控眼前的一切事。

不成熟的果子总是苦涩的。

落果并非果实成熟后的蒂把。

分寸感记载着成熟度。

一个不能自控的人，不能称其为成熟的人。

如果他人的意见不再左右你的思考，这说明你已长大成熟了。

一个正确的判断，不取决于时机，而是取决于对事物的深思熟虑。

成熟就像是煲汤，需要有一个小火慢煲的过程。煲的时间越长汤味越浓香。

成熟不是世故，而是善解人意，凡事胸有成竹，处事干净利落，低调做人，诚实可信。

处世之道

（一）真诚篇

真诚

真诚，是对他人最好的认可。

真诚是高于黄金纯度的品质。

诚意，用心的尺度去量最准确。

门槛的高低，决定你接纳他人的诚意。

只有对他人真心，才会赢得他人的诚心。

真诚做人的最好办法，就是真诚地对待他人。

只要你对他人是真诚的，他人对你也一定实在。

只要你对人是真诚的，他人的心扉早晚会向你敞开。

真诚待人就像一杯暖茶，让他人喝在嘴里暖在心上。

真诚的人不需要过多的赞美，虚假的人则希望得到他人的捧场。

如果自己做不到真诚对待他人，就没有资格要求他人真诚对待自己。

诚信

与诚信同在，与诚信永恒。

诚信搭建的门面比黄金还耀眼。

背信弃义的人，也易被人抛弃。

人可以不讲脸面，但不可以不讲诚信。

让不诚信的人占得先机，是对诚信人的惩罚。

梦想给你闪光的路径，诚信给你真实的人生。

商户的门面靠诚信撑起来，人生的门面靠自尊撑起来。

大众的眼睛是雪亮的，它能够分得清诚实与虚假，认真与敷衍，热情与冷漠。

做人没有多少诀窍：一是诚实，二是虚心，三是勤奋。做到以上三点不愁做不好人。

诚实

诚实，是人生最靓丽的名片。

诚实，是做人的本分。

诚实是做人的第一资质。

你选择诚实，诚实也选择你。

不做诚实的自我，必做虚假的自我。

诚实金钱买不来，谦虚心浮学不了。

诚实的人心里透亮，虚假的人心里阴暗。

诚实的人不需要面具，虚假的人离不开面具。

诚实是一面镜子，能透过镜子看到人的内心。

有良知的人最诚实，有恒心的人最努力。

诚实的人一生都低调，张扬的人一生爱炫耀。

如果你为人是诚实的，那么你的人生也是富有的。

说真话的人是诚实的人，打包票的人是心怀歹意的人。

诚信不是一朵鲜花，更是一粒金子。

诚实的人不需要修饰脸面，只有虚假的人才极尽粉饰。

诚实的心，是任何美妙的语言哄不住的，只有真情才能走进它。

诚实的人，有一是一有二是二。虚假的人，有一是十有十是百。

诺言从诚实的人口中说出来是金子，从虚假的人口中说出来是豆腐渣。

一个诚实的人不需要去显示自己，他的每一个行为是对他品性的最好证明。

诚实的人并不会失去什么，相反，它只会增加其人生的厚度，增加其在他人心中的分量。

真实

不与真实为伍，虚假与你为伴。

虚假善于打扮，真实朴实无华。

虚假走不远，真实去远行。

越是真实，越能持久。

真实不露脸，虚假来捧场。

离虚假近一尺，离真实远一丈。

漂亮的面子撑不起真实的里子。

纸做的鲜花看似美丽并不真实。

真实的祭坛供奉不了虚假的菩萨。

虚假的人永远看不清真实的自己。

真实的东西少的时候，虚假的东西畅销。

真实的东西离得远，虚假的东西便走近你。

不去做真实的自我，必将做虚假的自我。

傻话句句是真言，甜言蜜语大都不真实。

凡是诱人的东西，都带有某种真实的成分。

一个人的所得，并不能够真实地反映其能力。

做不了伟大的自己，就做一个真实的自己。

虚幻的人总是找不到真实的存在感。

有幻想的地方有江湖，有江湖的地方有侠士侠女。

不要因为你的形象不真实，让你的朋友摸不着北。

人们常常将他人的影子，错当成真实的他人而加以倾慕。

玉有瑕疵才是货真价实的宝玉，人有缺点才是真实可信的人。

站在自己的高度看自己是模糊的，站在他人的高度看自己是真实的。

自己的好要让他人去说,才真实。他人的好要让自己去说,才服气。

我不需要粉饰自己,宁可保留自己身上的某些不足。不足在他人的眼里更为真实可信。

高看了自己易骄傲,低看自己易悲观。既不高看自己又不看低自己,唯一的办法是做一个真实的人。

（二）善良篇

赞美

赞美可得不可求。

一味赞美并非是良药。

赏赐比赞美来得更直接。

崇拜者渴望被崇拜，赞美者渴望被赞美。

有些赞美被人视为一种丑化，有些话语尖刻被人视为一种赞美。

赞美不是一件免费的赠品，通过赞美他人而获取犒赏的人屡见不鲜。

接受一个人的道歉，不比接受一个人的赞美来得容易。

无论多少漂亮的赞美，也抵不上在逆境中给人一句鼓励的话语。

是渺小映衬了伟大，而非赞美成就了伟大。

人们用同样的理由去赞美一个人，又用同样的理由去鄙薄一个人。

我们中的一些人都是荣誉的朝圣者，渴望被人赞美被人赏识。

赞美并没有我们想象的那么美好，有时候有人赞美带有一种秘而不宣、狡诈而非真诚的奉承，被赞美者并未意识到，且有一种满足感。

评价

用个人的喜好去评价一个人，十有八九不靠谱。

用自己的好恶去评价他人，评价的结果不靠谱。

揭他人的伤疤，往往是为了护自己的短。

护自己的短，是在损自己的长。

盯着他人缺点不放的人，最忌讳他人揭自己的短。

对珍珠最好的评价是完美，对狐狸最好的评价是狡猾。

同路未必同心，与你朝夕相处的人未必是与你心贴得最近的人。

某些人常常不是出自公正之心而是出自个人的喜好，对他人做出正面或负面的评价。

舆论对于一个人的评价，要么出奇地高，要么出奇地低，客观公平的评价少之又少。

恰如其分地评价一个人，需要你对他人有一个深入细致的了解，否则不要妄下结论。

言行

1

言行不一是夸夸其谈者的通病。

自重者老成，漂浮者张狂。

喧嚣者大都是肤浅的人，宁静者大都是深沉的人。

不靠谱的人，往往是喊得最凶的人。

人有风骨品自高。

人无操守，就像马无缰绳。

山赌争高低，人赌争输赢。

山外有山，天外有天，人外有人。

人不求人一般高，人若是求人矮半截。

人不求有多大的能耐，但求一个实在。

情绪化的表现是成就事业的大敌。

只有自恃高贵的人，才担心被他人看低。

与大度的人共事风清气朗，与计较的人共事阴云密布。

脾气大的人是没有底线的，一旦发作起来，谁也不能够预料到它的结果。

用利害说话往往比用大话说话更有力量。

2

说话满的人，做人肤浅。

人的嘴馋比不过鸟的嘴快。

说得清楚的事，未必看得清楚。

魔鬼并非仅有一副丑恶的嘴脸。

嘴甜讨人喜欢，言短遭人白眼。

一件事有多种说法，一面之交有多重印象。

将事情说得天花乱坠，就需要警惕其中的猫腻。

心中无主见的人，说话总是跑题。

凡是需要解释的事情，说明这件事情不大靠谱。

有时候谎言看起来比真理还要光彩。

至理名言都是伟人创造的，小人物的语言最接地气。

有些话是用来听的，有些话是用来记的，有些话是用来想的。

与不讲理的人讲不清理，与不明白的人说不明白。

与讲理的人说什么都是理，与不讲理的人说什么都无用。

有些话可以不加掩饰地说，有些话说时要把握分寸。

3

容易说出他人的缺点，很难真诚地赞美他人的优点。

真帮你的不会说来的，不会帮你的先把大话说在前面。

说话不跑调的标准是：不是看你讲得多动听，而是看你讲得有多真。

有些话说过了感到畅快，有些话说过了让人难堪，有些话说过了遭人非议。

同样一句话，会说话的人，说出来让人发笑。不会说话的人，说出来让人恼火。

不表达意见的人，并非心里没有主张；不赞美他人的人，并非心里没有对他人的祝愿。

对于一个人的失误来说，仅仅自责是远远不够的，通过自责转化成进取的动力才是可取的。

说你好的人，并非是对你好的人。对你狠的人，并非是说你不好的人。

说你好的人，虽然听起来舒服，但容易让人昏昏然。说你不好的人，虽然话语难听，但容易让人清醒。

每个人都有其独特的性格，其表达的语言，其做过的事，其走过的路，都带有其性格的影子。

不同的话语，从不同的人嘴里说出来有不同的味道。会说话的人反话说成正话，不会说话的人正话被说成反话。

善良

1

善良是人生最珍贵的资源。

向上向善应当是人生的主色调。

百行善为先。

善行近邻，爱走远亲。

人无善心，必生恶念。

多一分善心多一分美德。

善从心中出，恶从胆中生。

粉饰美德不比创造美德轻松。

心眼多了善变,知识多了善言。

播撒善良种子,收获美德果实。

操守,为人生树立起一面镜子。

慷慨的人最富有,善良的人最幸福。

善心与人结伴而行,邪恶假道其中。

伪善的人总是以漂亮的面孔迷惑人。

世上有善良之人,也不乏邪恶之徒。

善良到达不了的地方,恶行充当国王。

2

一颗善良的心远比一张精致的脸耀眼。

心善良处处有人缘,人冷漠处处遭防范。

好心未必都能行好事,善心时常被误解。

做好事不需要理由,做好人却要有动机。

善是一种自然状态,恶是一种强迫状态。

微笑给人一种亲和力,善良给人一种安全感。

恶人撒下的孽种,善良的人品偿它结出的苦果。

一些人热衷于去行善,却很少去阻止他人行恶。

心地善良的人，往往容易成为骗子侵害的目标。

善人未必是和善的面孔，歹人也未必是一脸杀气。

做好事免不了有人非议，做坏事少不了有人喝彩。

被善人认可是一件幸事，被恶人认可是一件丑事。

人有两颗心：一颗是善良的心，一颗是邪恶的心。

做一个好人并不难，只要有一颗善良的心灵就足够了。

拥有善意的人，是在用自己滚烫的心去温暖他人冷漠的心。

善行与恶行的界线并非模糊不清，即使小孩也不难分清。

3

良心上升为道德的层面，远远超出了善良自身的含义。

心是善良的，其行为必是德行。心是邪恶的，其行为必是恶行。

善良的人好似一朵花，远远望去是漂亮的，近处嗅到是醇香的。

人们从慈善的人身上，看到更多的是一种憨厚和怜悯之心。

怜悯之心只会在善良的人身上发生作用，对邪恶之人不起任何作用。

不管他人讲得多么好，记住一条：有理采纳，无理不听。

世界上最美的语言，不是出自那个善讲者之口，而是出自你最崇拜的那个人之口。

好事向人展示善的一面，合乎大多数人的意愿。坏事展示恶的一面，让大多数人不寒而栗。

鲜花可以有多种格调，好人的标准只有一个。好即是好，坏即是坏，善良即是善良，邪恶即是邪恶。

心地善良的人，是能为他人的人生不断鼓掌的人。心怀不善的人，是给人的人生帮倒忙的人。

我们中的一些人并非只是自己，是多个人的混合体。他们既有靓丽的一面，又有丑陋的一面；既有善良的一面，又有邪恶的一面；既有无私的一面，又有贪婪的一面。

（三）格局篇

格局

1

人的视野有多大，人生格局有多大。

人生的格局有多大，人生的追求就有多远。

格局的大小，决定人与人之间的距离。

小事见风格，大事看境界。

凡事皆有度，无度必成难局。

放得开，收得住，是一种格局。

人是一个多情物，心是一个大世界。

从气度最能准确地观察一个人的全貌。

井底之蛙看不到天空的广阔。

一杯水的局限嘲笑一桶水的局限。

在这个世界上，唯一不能原谅的是自己的无知。

一个人胸中所装下的世界，远远大于其亲眼所看到的世界。

生活在自己的小天地里，自认为头顶的天空即是浩瀚的宇宙。

你眼睛里装进一个看得见的世界，你心里藏着一个看不见的世界。

从小中见大，从大中见小。

螺丝钉虽小有它的用场。

蝼蚁虽小能蛀空一座大厦。

大有大的窘境，小有小的伤疤。

大道理让人动情，小道理让人开窍。

平常时刻一小步，关键时刻一大步。

2

没有无数个渺小，成就不了一个个伟大。

伟大人格造就伟大的人物。

伟大的人格来自精神的富有。

伟大的创举源自微不足道的开始。

小沟可以纵身跳过去，大坎不容易越过去。

小草踮起脚尖向上生长，是在仰望星空。

小庙供奉不起的菩萨，大庙也不一定供奉得起。

我心中的完美带有一点小小的瑕疵。

你成为大我的主宰，小我变成你的奴隶。

由小变大是局部向全局称臣，由大变小是全局向局部称臣。

在小环境里一些人或许是一棵大树，在大环境里一些人或许只是一滴水珠。

狭隘让你的格局变小，知识让你的视野变宽，盲从让你随波逐流，思考让你善明是非。

世界在你的眼里变小了，你的人生放大了。世界在你的眼里变大了，你的人生变小了。

人为自己活着的时候，追求的是小天地。人为多数人活着的时候，追求的是广阔的天地。

我的人生没有什么格局，有的只是平凡。平凡的人生，使我每走一步都踏实、沉稳、称心。

胸襟

1

只有你的胸襟变大，你眼中的世界才会变大。

只有豁达的胸怀，才有奔放的人生激情。

度量大小，看胸襟；格局大小，看志向。

人无胸怀只看眼前。

德高看品性，位高看胸襟。

狭隘遮挡美景，胸襟放大美景。

眼高手低的人，只有唱功缺少做功。

有些人不是不向往未来，而是走不出自我。

只有那些不关心他人的人，才担心受到冷落。

如果说傻瓜造就了聪慧者，这话一点也不为过。

生死瞬间考验人的意志，得失瞬间考验人的胸怀。

对分寸的把握，不在于他的性情，而在于他的胸襟。

总在责备他人的人，是在让他人为自己的过失埋单。

有本事的人不在乎名，没有本事的人不择手段为了名。

搅局者不甘寂寞，想要的是出场率以显示自己的存在感。

走得快不一定是走得远的人，走得稳的才是走得远的人。

能认准你的秉性的人，常常不是你的朋友而是你的对手。

知进退，证明你的胸襟宽广；懂得失，证明你的眼光睿智。

胸怀、眼界、学识、胆魄构成了伟大人物不可缺少的要件。

一件事的收放、取舍之间，可以看出一个人的知识、胸襟。

2

容器的大小决定它承载的能力，胸襟的大小决定一个人的度量。

只有细致的人才知道细节的分量，只有心中有良知的人才能把握做人的尺度。

有些话不琢磨后说出来，不知道它的深浅；有些事不去做，不知道它的分量轻重。

有些人的交往，是生活、工作中的正常交往。有些人的交往，是朋友之间感情的沟通。

私欲是一狭小的房间，容不下多人进入。胸怀是一阔大的舞台，任何人都可以上台施展。

人们对出类拔萃人物所作所为给予了过多的赞誉，而对弱者的过人表现给予轻描淡写似的评价。

有些事情不是不敢想，而是办不到。有些事情不是不想做，而是做不好。有些人不是不想交往，而是对方不给机会。

能看到自己长处的人，并非能看到自己的短处。能看到远方的美景，并非能够看到身边的污垢。

气度

一个人可以少有优点，但不能缺少气度。

一个人的气度，决定着一个人的风度。

一个人的气度是一个人修养的集中展示。

渺小让人想到伟大，气度让人见到胸怀。

胸襟与气度并非与生俱来，而是后天的涵养所致。

挑他人的毛病容易，自己做人难。

挑剔他人处世做人，是某些人的特长。

挑他人的短，是护自己短的最简单办法。

特点成为你的优点，也可能成为你的缺点。

一个称职的配角，比一个合格的主角还要难。

做得好先生并非做得好学生，做得好师傅并非做得好徒弟。

个人的小算盘算不过众人的大算盘。

意见送出去的多，真正有价值的少。

只有熟知对手，你才有可能战胜对手。

小我走不出自己的一亩三分地，大我蹚出沃野千里。

大家的事情要靠大家拿主见，个人的事情要靠个人拿主见。

人们应当尊重那些金口玉言者，而不应听从那些胡言乱语者。

用自己的尺子量他人，清楚地看到他人的长处。用他人的尺子量自己，清晰地看到自己的短处。

能正确看待自己的人，也能够正确看待他人。能不回避工作中矛盾的人，也能够不回避自己的缺点。

信任

信任是对他人的最好褒奖。

信任是彼此的通行证。

信任给他人力量，诚实给自己安全。

人之间缺少信任，多少金钱也弥补不了。

信任是彼此间架设的一座最便捷的桥梁。

信任的天空阳光灿烂，猜忌的心理阴暗潮湿。

不去取信于他人，如何能够做到让他人信任。

戒心是人之间交往的利刃，它一刀一刀在切割掉信任。

信任是双向的，仅有一方的信任，不可能成为双方的信任。

信得过的人，值得深入交往。信不过的人，少去交往为益。

拥有德行的人，往往会比拥有恶行的人更多受到他人的猜忌和不信任。

人们通常只相信与自己朝夕相处的人，与自己相距较远或未一同共事的人，则时有提防。

信任如同两岸架起的桥梁，如同在废墟上建造的宫殿，如同在旷野上修筑的通衢大道。信任是无声的重托。

你若是想了解一个人，你就要先让他人了解自己。你若是让他人信任自己，你就要先让自己被他人信任。

信任是对等的，你做不到对他人信任，他人也难以信任你。尊重他人是尊重自己的前提，信任他人是信任自己的前提。

过多的承诺等于没有承诺。与其承诺十件事，不如漂漂亮亮干好一件事。

廉价的承诺，在于它举起的时候很重，放下的时候很轻。

忠勇是德行之首。

愚者大忠，智者大道。

通常，人们只忠于其崇拜的人。

追随他人并无错，错在选错了追随的人。

（四）包容篇

宽容

生活教会了宽容，人生学会了刚毅。

凡是不懂得生命价值的人，不会尊重自己的人生。

为自己鼓掌的是自信者，为他人鼓掌的是宽厚者。

人，不是一个人生活在这个世界上。意识到这一点，应当自觉地宽容、包容、助人。

我敬重的是那些在贫瘠的山丘上播绿的人，在茫茫的人海中彰显德行的人，在人生的旅途上惜时如金的人。

理解他人，无疑是在最好地帮助他人。

理解一个人比去帮助一个人更为重要。

一个人与其说渴望被认同，不如说渴望被理解。

将心比心是将他人的难处视为自己的难处，而非将自己的难处视为他人的难处。

包容

包容比惩罚更有力量。

彼此包容，彼此拥有。

凡是会包容人的人皆大度。

宽容自己的过错，是对他人的伤害。

对恶行的宽容，就是对德行的嘲讽。

不能容忍他人的缺点，是其自身最明显的缺点。

包容只有一种可能，要么被包容者改变，要么被自己改变。

会包容的人，有自己广阔的天地。不会包容的人，路子越走越窄。

包容像美丽的鲜花，每一瓣花片都透着宽厚的芳香。

尊重

彼此尊重，是人与人交往的最基本的条件。

一个人懂得尊重他人，同样也值得他人尊重。

没有什么比赢得他人的尊重更具有人生的价值。

尊重是对彼此的犒赏。

彼此尊重是最好的关爱。

对他人不敬是最大的傲慢。

进一步是伤害，退一步是尊重。

对他人的不敬如同对自己的侮辱。

客观看待他人比尊重他人更重要。

你不尊重自己，就没有人会尊重你。

回避他人的尴尬，是对他人的尊重。

人之间的信任尊重，比金钱更为重要。

学会尊重他人，比什么礼节都更为重要。

敬重他人被他人敬重，关心他人被他人关心。

尊重他人是对自身的尊重，帮助他人惠及自身。

一个不懂尊重他人的人，同样也不值得他人去尊重。

对他人好是一种善意施放，对自己好是一种自慰行为。

有的人一生不认识自己，有的人一世不懂得尊重他人。

人们往往从道义上对弱者表示尊重，从内心里并非出于自觉。

理解他人的难处，是对他人的尊重；同情他人的难处，是对他人的助力。

最好的回报，不是从对方那里获取什么物质利益，而是赢得他人的敬重。

不与他人争好事，你失去不了什么。多去做他人不愿做的事，你将赢得他人的敬重。

帮助

帮助他人，自己终身受益。

要帮助他人，首先要做好自己。

用善心去帮助他人，是自我塑造德行的最佳方式。

在某些关键节点上，送给他人一杯水不亚于一桶水的功效。

同情弱者是一个人的良知，帮助弱者是一个人的觉悟。

他人或许可以成为你向上的梯子，但永远无法帮你爬到顶点。

内心若是拒绝他人的帮助，再好的帮助也不会奏效的。

受之有愧的人从不表达出愧疚之意，默默奉献的人从未曾有过怨言。

自己身上的毛病自己看不到，他人看得很清楚。真正关心你的人，是真心帮助你改掉毛病的人。

在你有力量帮助他人的时候，不要吝啬自己的力量。这对你来说是功德无量的事，这对他人来说是雪里送炭的事。

人们往往感谢那个说他好的人，不去感谢那个一直默默帮助他的人。

（五）规则篇

规则

没有对规则的敬畏就没有文明的自觉。

规则是原则之母。

在原则面前，情感是苍白的。

马无缰绳难驾驭，人无规则难前行。

规则的小船在法治的江河里畅通无阻。

只要心中有戒尺，受戒与否并不重要。

任何游离于规则之外的人不可能获得人生的成功。

万物自有它的规则，对任何一方不会厚此薄彼。

鸠占鹊巢破坏了鸟类的规矩，所以受到鸟群的驱赶。

纪律和规则约束不住无底线的人。

如果良知是公民心中的一杆秤，那么法律就是公民心中的一把尺。

规则有着帝王般的尊严，从来不会用笑容可掬的面孔面对俯首称臣的人们。

规则的真正作用是让守规则的人享受帝王般的荣耀，让不守规则的人沦为乞丐。

规则就是为人生铺好的路，沿着这条路前行，确保你畅通无忧。如果偏离这条路，你既容易迷失方向，又难达到你想要达到的目的地。

不守规矩等于是无规矩。

只有特殊人群，没有特殊规矩。

汽车怕短路，规矩怕破例。

再严的规矩，总有一些出格者。

政策是死的规矩，人是活的规矩。

规则改变着规则，习惯改变着习惯。

不守规矩的人，恰恰是改变规矩的人。

给他人立规矩的人，自己首先得有规矩。

对于不讲规矩的人，立规矩等于无规矩；对于不讲信用的人，与其讲信用等于无信用。

信仰

信仰是人生的灯塔，照亮人的一生。

信仰是人生的底蕴。

信仰是安身立命的基石。

信仰储存着一个人的能量。

信仰什么，最终奉献什么。

信仰决定人生方向，视野决定人生志向。

灵魂的疾病，只有信仰的良药才能治愈。

人生若是没有信仰寄托，空有一副躯干。

只有信仰的力量，才有可能铸就人生的精彩。

驾驭好人生需要用信仰作灯塔，用知识作动力。

做一个什么样的人，取决于你有什么样的信仰。

没有食粮的日子尚可忍饥，没有信仰的日子茫然一片。

缺少了信仰，人生失去方向。缺少了自信，人生没有力量。

迷失航向的船只不知飘向何处，缺失信仰的人生随波逐流。

在生命世界里，没有什么能比得上信仰对生命的支撑。

开什么花，结什么果。有什么样的信仰，有什么样的人生。

信仰如同一面旗帜，在人们心头飘扬，指引人们义无反顾地前行。

信仰是人生的定力之所在，有了它，人生有了清晰的航标，在大风大浪中航行不会迷失航向。

对手

没有对手的人生，是平淡无味的人生。

与朋友讲道理，与对手讲实力。

宁要朋友的苦药，不要对手的鲜花。

宁可输给对手，不可输在理上。

自身的软肋成为对手手中的武器。

若要胜过对手先要胜过自己。

轻视对手，你已经先输掉了一半。

轻视对手是自己最大的风险。

轻视你的对手，等于放弃自己的机会。

没有强手的胜利不是荣耀，没有对手的人生过于平淡。

从某种意义上讲，强大的对手是你获得成功的动力。

许多时候给你力量的，往往不是你的朋友，而是你的对手。

人们许多时候不是在同自己的对手而是与自己的软肋在做斗争。

那种深藏不露的人，是比锋芒毕露的人更难对付的对手。

有分寸感的人不会输给任何强大的对手。

过高地估计自身的力量，过低地估计对手的力量，吃亏往往在于轻敌。

与对手的妥协，有时是出于一种纾解困境的途径，有时则是对某种利益的放弃。

如果将他人作为对手，他人就是对手。如果将他人作为朋友，他人就是朋友。

道貌岸然的做派通常是做给对手看的，对朋友、对同事则应以平凡者的面孔出现，这样，他人才会与你交往。

交往

1

印象从第一眼开始,交往从第一件事定格。

用取悦之心去取悦他人,是不会赢得朋友的。

取悦他人,迷失自我。

与人处不好,做人未到家。

伸手不打笑脸人,怠慢客人并非待客之道。

认识一个人,不妨先从其第一个言行开始。

印象是第一位站在你面前试图与你沟通的人。

了解一个人的喜好是进入一个人内心的前提。

不要抓住一个人的缺点而否定一个人的全部。

过分苛求一个人的短处,就会忽视一个人的长处。

只会关注某个人的弱点,错失了欣赏某个人的伟大之处。

从欣赏什么厌恶什么中,能够轻易地看出一个人的倾向。

要看清他人的面孔后,再决定是否与他人同行。

在认识他人的过程中,人们能够更清晰地认识自己。

看人不看一时的表现,做事不看一时的成功与否。

与他人的距离,往往不是始于起步而是始于行程。

与人共事不难，难的是不容易走进对方内心的深处。

2

水的深浅只有去试才知道，人的心只有交往才知道。

人与人交往的过程中，是展示一个人魅力的最佳时期。

多看他人的长处，少去看他人的短处，最终将会拥有很多朋友。

十个指头伸出来有长短，十个人里面走出来有高矮。

人们关注他人的短处胜于关注他人的长处。

人有所长必有所短，物有精华也有瑕疵。

人们往往热衷于追求外在的形式，忽视管用的里子。

形式只是一件外衣，而细节告诉你更多的实质内容。

形式主义帮了场面人的大忙。

人们往往看好形式而轻视内容。

人们常常渴望被理解，又惧怕被误解。

误解像是一条浅浅的水沟，若不及时疏浚，就会变成一条深深的鸿沟。

误解是横亘在你我之间的一堵墙，只有彼此的共同努力，才能够推倒这堵墙。

假象是真相的弟兄，辨不清时会以假当真。

3

越是接近真相,越能感受到真相的魅力。

人们寻找种种借口常常是为了掩盖某种真相。

真相其实就在我们身旁,只是我们把它看得很远。

真相就在人们的眼前,可人们往往舍近求远去寻找真相。

真相常常会给人们出一些难题,让人们去探索、发现和破解。

找个附和的理由容易,找个拒绝的理由很难。

有时候沉默比喧嚣更有力量,有时候拒绝就是最好的回答。

不拒绝不意味着赞成,不反对不意味着同意。

最好的拒绝是第一时间的拒绝。

拖延是不说出口的拒绝。

拒绝是对付误导的最好办法。

戴着有色眼镜看人,好人被看成坏人,仇人被看成朋友。

如果没有某个人的冒失,我们便不能准确判断某个人的沉稳。

4

与人交往首先要放下戒心,你对他人信任,他人才会对你信任。

与一个人交往,不了解对方的真实想法,如同盲人摸象。

观察一个人的成功与否,不是看其在某件事上的成功,而是看其人生是否成功。

人与人之间的交往，更多的是出于一种情感的交流，而非去追求共同的目标。

检验一个人的言语是否真实，最好的办法是让那个说话的人，依照他自己的话去做。

不应当因肯定一个人的长处去否定其短处，也不应当只看一个人的短处去否定其长处。

与不熟悉的人共事，不妨边共事边观察，给予了解一个缓冲期。

与他人一起做事情，应当把注意力放在做好事情上，而不要将注意力放在邀功诿过上。

与城府深的人交往，尤其要小心应对。

与他人保持适当的距离无疑是正确的。他人的帮助若是有益的，你可以走近他，与他同行。他人的帮助若是有害的，你可以避开他，独自前行。

相貌是给人的第一印象，行为是给人的第二印象。第一印象得出一个人的轮廓，第二印象得出对一个人的结论。

点滴印象构成对一个人的大体轮廓，朝夕相处的了解才有可能准确把握一个人的全貌。

从一个人的语言可以看出一个人的志向，从其行为上可以看出一个人的用心。

（六）处世篇

做人

1

做人处世的学问，是人生最重要的基本功。

成全他人也是在成全自己。

给他人机会，是在给自己机会。

给他人空间是在给自己空间。

会做人的人，才会不动声色地胜于人。

让他人不好过，自己也并非好过。

让他人不痛快，是在为自己找不痛快。

让他人无路可走的人，自己的路也不好走。

不去为他人担待，他人不会为自己担待。

对人宽容一分，对己厚重一分。

对他人的苛求是对自己的贬损。

对他人的浅薄，是对自己的鄙视。

对人好，对己好。帮他人，是在帮自己。

堵死了他人的路，自己也无路可走。

不会做事的人会挑事。

不露锋芒的人才是最可怕的对手。

不为他人着想的人，并不认为自己的行为有何不当。

打他人的歪主意，最后失算的是自己。

你敬人一尺，人敬你一丈。你让人一寸，人让你一尺。

你看这个世界舒服，这个世界看你也舒服。

2

淡泊明志方是做人的本色。

品德是做人的根基。

诚实是做人的底线。

诚实的人做事不声不响，虚假的人未做事先张扬。

嘲笑弱者自己并非强大。

对于弱小者来说，任何强大的势力都可将其致于危险的境地。

看穿不去揭穿，是不让他人难堪。

看得透的不用说透，替人想到的点到为止。

看他人的笑话，很快轮到他人看你的笑话。

刻薄比冒犯更无礼。

刻薄他人也是在伤害自己。

利己不可达人，达人方可惠己。

冷漠的人对自身的伤害不亚于对他人的伤害。

读书囫囵吞枣常常张冠李戴，做人轻浮常常不知道天高地厚。

良知是做人的根基，若是根基动摇，其人生或是扭曲或是黯淡无光。

肯为他人着想的人，一生多姿多彩。只为自己着想的人，一生暗淡无光。

不议论他人的为人，只看他人的言行。

背后非议他人，如同向他人伤口上撒盐一样不道德。

3

话不能说满，事不能做绝，凡事留有余地。

话往好处听可能是福音，事往好处想可能会成功。

暖心的话多说，呛人的话少说；暖心的事多做，寒心的事不做。

不要用狠话驳他人的面子，即使他人的不是，也要用适当的方式，给他人一个体面的台阶下。

行善的人不放过一件小事，积德的人不放过一件好事。

人生应当这样做：站在他人的角度思考自己，站在自己的角度思考他人。

人生最忌讳的是在做他人，而不能做一个真正的自己。

若是好心得不到好报，就要想一想，是帮错了对象还是用错了方式。

若是自己不会做人，莫怪他人不是人。

替他人着想，是在为自己着想。为他人帮忙，是在为自己帮忙。

少想自己得到的好处，多给予他人好处，你在他人心目中的地位会不一样。

适当保持人与人之间的距离，让自己的生活变得轻松，变得自由。

对他人看得重的人，对自己看得轻；对自己看得重的人，对他人看得轻。

看他人的眼色行事，走不了自己的路。留念他人的馈赠，自己无所作为。

漠视对彼此都是一种伤害。

计较多怨气大，不去计较风吹过。

没有一个人会认为自己是多余的。

4

微笑使你与别人保持最近的距离。

人不能改变自己，何以改变他人？

人后说他人，人前不如人。

人可以大话连篇，不可以言而无信。

要学会说话，先学会闭嘴。

说话有水分的人，做事飘浮。

说话留有余地，做事竭尽全力。

学会了一辈子说话，学不会闭嘴。

任性是没有底线的自信。

敢于面对自己，才敢于去承担责任。

你不去爱他人，也不会被他人所爱。

为他人铺路是在为自己修路。

为他人架桥，也方便自己过河。

为他人作嫁衣，付出的是成人之美，提升的是人生境界。

做人行事的风格，首先给人看的是一个脸面。脸面的好看难看，影响其行事的效果。

你将他人当贵人对待，他人将你当帝王对待。你将他人当乞丐对待，他人将你同样对待。

人们常常厌恶他人的不良行为，而对自己的不良行为熟视无睹。

那个抓住他人缺点不放的人，不是在帮助一个人而是在不停地鞭笞一个人。

那个不希望他人得到好处的人，实际上最希望自己得到好处。

5

多了功利心少了做人的底气。

越有才能的人，越是低调做人。

肤浅的人喜欢张扬，有内涵的人保持低调。

肤浅的人只见树木不见森林。

对于见风使舵者来说，有奶便是娘。

露脸的想成名，低调的怕张扬。

点子多的人，反而让人缺少安全感。

荒腔走板的人大都没入戏。

高傲者在陶醉中失去锋芒，变得迟钝。

倔强的人不知道弯腰，所以总是碰壁。

屈居人下不是一件耻辱的事，这说明你还不够强大。

接受他人的馈赠，必须做好加倍返还的准备。

穷人在富人面前不输志气，富人在穷人面前不摆阔气。

无论你的心胸多么博大，迈开眼前的第一步至关重要。

人情债，是自己为自己制作的囚笼。

审时度势是智者的选择，随机应变是凡人的生存法则。

所谓真正爱护你的人，不是为你去赞美，而是为你去遮丑。

6

做最好的他人，不如做最好的自己。

做不好自己，就没有资格去管教他人。

先学会做人再去谋事，先学会走路再去跑步。

想说服他人，先说服自己。想影响他人，先影响自己。

想占便宜的人，独占的心理驱使他为获取不当利益不择手段。

做事有余地的人，做人有分寸。

做事轻率的人，做人也不会真诚。

做人就怕无底线，做事就怕坏规矩。

做人要上对得起天地，下对得起父母。

做人要做有良知的人，做事要做有良心的事。

做人不要怕他人在背后议论，做事不要怕他人在眼前指责。

7

轻视他人，是在为他人立一座高山；贬低他人，是在为他人赢得人缘。

通过吹捧来抬高个人是徒劳的，同样通过诋毁来贬低他人也是徒劳的。

做人不可太挑剔，挑剔的结果是：既疏远了朋友同事，自己又失去了主见，失去了尊严。

在我看来，成人之美并非君子之风度，而是普通人应有的风格。

世界给予你的远远大于你给予世界的，所以，个人有再大的功绩也没有理由骄傲。

无论你的本事有多么大，你还是父母的儿女。无论你的职位有多么高，你还是人民的仆人。

做人，一是要认理，二是要服人。讲理就是要认清大势，追求人生的格调。服人就是要虚怀若谷，善于将他人的长处变成自己的长处。

有时候做人，是在做给自己看；有时候做人，是在做给他人看；有时候做人，是在做给天地看。

把生命看得高于一切的人，任何作为都视为一种负担。把金钱看得高于一切的人，人之间交往先看是否有利可图。

处事

1

小事不必纠结谁对谁错，大事则一定要分清谁是谁非。

低调做人并非比他人矮三分，而是让他人看到你的诚意。

小心无大错。只有充分去应对风险，才不至于在风险面前手足无措。

小气忍一忍就过去了，大气找适当的方式释放，但切不可将他人当出气筒。

心里装不下他人，也装不了自己。

心大了，任何小事都装不进自己的眼里去。

心口不一的人，比直接伤害他人还可恶。

笑谈他人的失误，是在往他人的伤口上撒盐。

心中充满阳光的人，不仅让自己的一生呈现阳刚之美，而且能够用自身的阳光去温暖他人。

寻求个人的自由，不能妨碍他人的自由。

要让自己的脸干净，就不应往他人的脸上抹黑。

要学会做事先要学会做人。

一个不知道宽恕他人的人，也不值得他人宽恕。

一个对他人有信心的人，对自己也一定有信心。

2

一个人的行事风格只是其性格的一角，但可以从中看出一个人的内涵。

以退为进的策略，常常不是运用在力量悬殊的境地，而是用在力量平衡的境地。

有了一点进步不要去炫耀，也许他人很快就会超过你。

有些事做错了可以重来，有些话说错了收不回来。

有实力而不故意显摆自己的人，才是最有实力的人。

有的人一方面渴望与他人交往，一方面又在关闭心灵的窗户。

有些话敞开讲，让大家听得明白。有些话含蓄讲，让大家去思考。

有的人不缺少人生的力量，而是缺少产生这种力量的胸怀和动力。

有胸襟的人将奉献视为一种快乐，短视的人不愿付出却不断索取回报。

好的动机并非有好的结果。从动机到结果的途中，也许一帆风顺，也许一路波折。

人们遇事应当持有主见，主见是你的立场，是你内心世界的一部分，是你识别他人，他人识别你的一面镜子。

远离是非，不招惹麻烦。

3

行事的方式,决定办事的效果。

越想证明自己,越是不能证明自己。

正确对待他人,是正确对待自己的前提。

正确行事做人的方法远胜费尽心机的智谋。

招数多并不意味着强,心眼少并不意味着弱。

在自己眼里做事尽心的人,说不定在他人眼里是个轻浮之徒。

只要你做的事情是正确的,就没有必要去计较他人的冷嘲热讽。

自负的人常常过高估量自己的能力,过低贬低他人的能力。

自己不愿去做的事不要勉强他人去做,自己不愿听的话不要勉强他人去接受。

自己怎样对待他人。他人会怎样对待你。

自己说的话要兑现,自己做的事要负责,这才是做人应当有的行事风格。

4

自信是在做自己的主心骨,盲从是在失去自己的主心骨。

走路不能没有方向感,做事不能没有目标感,做人不能没有使命感。

与他人分享是一种快乐,替他人担忧是一种境界。

对犹豫不决者来说,对某一事物过早或过晚表态都是不恰当的。

多的时候多一口不为多，少的时候少一口不为少，这才是处世之道。

生分的人与人挖了一条鸿沟，随和的人与人搭建了一座便桥。

有修养的人回避他人的难堪，无修养的人专戳他人的伤疤。

有的人听不进他人的劝告，在错误的路上越走越远，因为其内心盲目相信自己还能挽回一切。

有些人持有一种心理：以为高调做人会被欣赏，实则不然。低调做人才会被他人视为一种美德。

用金钱能够解决的事情，不要用人情去解决。用自身努力能够解决的事情，不要依靠他人的帮助去解决。

德行

道德行善成一景。

不丑即为美，无过便是德。

积小善为大善，积小德为大德。

德行是有声的形象，无声的褒奖。

在道德的空间穿行只见阳光不见乌云。

每个人都是道德的评判官。

恶行走强的时候，德行变得无语。

恶人不作恶的时候与普通人无异。

守德会一时寂寞，附炎只一时得势。

与人为善，没有距离。与人为恶，如隔鸿沟。

德行是一面镜子，可以照出每个人内心里的善恶美丑。

美德是不会沉淀的，它会发酵，让社会充满芳香。

对恶行者行为的视而不见，无时无刻不在拷问德行者的良知。

在正义面前，惩罚一个人的恶行比犒赏一个人的德行更为重要。

随时审视你的言行举止吧，若是背离了德行，那就值得好好反思。

人们通常习惯于站在事与物自身的角度判定好坏，很少从精神和道德层面去判断人的品性。

沟通

沟通是两个人的共同行为，一方在路上梗阻，另一方难以通过。

心灵的沟通，是在搭建最便捷的"桥梁"。

如果你总是自认为是对的，那你就无法与他人沟通交流。

讲大道理要像烧开水，烧到一百度的温度。讲小道理要像温火煲粥，煲出一定的味道。

过节使两个人之间建立起对垒的城堡，要解开其过节，则需要为两座城堡之间搭建沟通的桥梁。

（七）自我篇

个性

时尚张扬个性，内敛修炼品性。

个性能够成就你，也会伤害你。

个性，让他人看到你与众不同的地方。

个性是一套特有的装置，要驾驭这套装置必须找到打开其装置的钥匙。

平静不是大海的性格，寂寞不是森林的风格。

大凡伟人都有着常人不曾具有的独特性格。

软弱在很大程度上是一种性格而非缺点，品性在很大程度上是一种操守而非性格。

主见

有主见的人，通常都是特立独行的人。

一个好主见贵过一吨黄金。

随声附和只是不需要主见。

凭印象看人看不透，凭感觉看人看走眼。

若是心里没有主见，到哪里都是随波逐流。

太在意对方的意见，往往失去自己的主见。

当一个人失去了主见的时候，看一切都是混沌不清的。

越有特色的食品越有味道，越有个性的人越有才华。

一百个人有一百个人的主见，一千个人有一千个人的面孔。

对一个人形成的偏颇看法，如同一座坚固的城堡，要摧毁它并不容易。

一个被视为好的建议，不是看其主见是否高明，而是看其主见被采纳后效果是否会好。

在众人面前，善于表达意见的人会赢得好口碑，不管这种主见对大家是否有益。

主见是什么？主见就是你比他人站得更高，看得更远，想得更深更细。

谦卑

谦卑烘托出人性的伟大。

肤浅总爱显示，含蓄处处低调。

喧嚣的世界里考验着低调人的耐心。

低调也罢，高调也罢，就怕不着调。

高调是你滑坡的开始，低调是你爬坡的开始。

低调并不意味着懦弱，高调并不意味着强大。

做人低调，其人格已经站在比他人更高的位置。

相互谦让风平无浪，各不相让风急浪高。

任性列车随时都有倾覆的可能，稳重低调则是人生成功之锚。

低调做人是不过早暴露其锋芒，他的最终目的是不战而屈人之兵。

低调做人，丝毫不会影响你在他人心目中的形象，反而会为你的形象加分。

傲慢者看到的是树木而非森林，谦虚者看到的是森林而非树木。

谦让不仅在见证一个人的礼节，还在见证一个人的修养。

谦让比获得更重要。

识人

认识一个人可能只需一面之交，真正了解一个人则是一辈子的事。

认识不等同于熟悉，了解不等同于认识。

有时了解一个人，比读懂一本书还困难。

镜子里看人反差大。

通过一个人的习惯去了解一个人的一切。

发现一个人的长处比发现一个人的短处更困难。

感觉是你最初的印象，深刻了解是最终的结论。

允许他人犯错误，是为了避免不犯更大的错误。

看好一件事是一回事，做好一件事则是另一回事。

看好一个人，不是看好他的能力，而是看好他的精明过人之处。

看一个人的举动，重要的是了解其举动背后的动机。

人们抱怨他人不能够理解自己，却常常错误地看待他人。

听其言谈知道一个人的态度，看其行为知道一个人的思想。

根据你的习惯知道你的爱好，根据你的爱好知道你的追求。

只知道满足于一个人的口味，而不了解他人的品性是多么愚蠢！

短时间看一个人，只能看到他的外表。长时间看一个人，可以看到他的内心。

太看重自己，会失去自身的体感，错误地将自己看成太阳，将他人看成云彩。

从表面上看人，看不出一个人是善是恶。恶人在不作恶的时候看上去也像个平常人。

看一个人的外表只需眨眼的工夫，了解一个人的品性则需很长的时间。

仅仅将那种持有疯狂举动的人视为愚蠢是错误的，其行为的背后必持有某种不为人知的动机。

瞧不起小事的人，也做不了大事。一个人的面相、身材，第一眼可以观察到。一个人的品质、才能，需要与其交往、共事，才可以深入地了解。

有这样一种人：出了差错，推给他人；有了成绩，自个独占。他哭的时候，要你陪着一起流泪；他疯狂的时候，要你陪着一块起舞。

思想之门

（一）聪明篇

聪明

聪明是一笔财富，不去使用它会贬值。

世界上没有绝对的聪明人，也没有绝对的愚蠢人。

聪明只是其表象，驾驭生活之舟的娴熟技巧才是其内涵。

低调做人的人，才是真正聪明的人。

张扬者正在为自作聪明付出代价。

聪明人吃苦吃在明处，糊涂人吃亏吃得不明不白。

聪明的人化敌为友，愚蠢的人以邻为壑。

聪明人让自己适应众人，愚钝人让众人适应自己。

聪明人将过错当动力而非包袱，愚笨人将过错当包袱而非动力。

聪明的人视他人的纠错为雪中送炭，愚蠢的人视他人的纠错为多管闲事。

聪明人处世待物先考虑他人的感受，后考虑自己的感受。愚蠢的人处世待物先考虑自己的感受，后考虑他人的感受。

他人的主意再好不一定适合你，自己拿的主意才最管用。

自作聪明的人具有超强的智力，但这种超强的智力常常为其人格缺陷所限制。

自作聪明是另一种卖弄。

小聪明不会加害于人，但常常挤对人。

每一个聪明人，都有愚蠢的过去。

给无知戴上聪明的帽子显得欲盖弥章。

聪明的女人用脸来书写，用眼睛来说话。

糊涂人已看穿的事，聪明人还会琢磨。

聪明人常常会成为平庸之辈嫉妒的靶子。

心眼，可以被视为聪明，也可以被视为吝啬。

如果没有愚蠢人的陪伴，聪明人不会笑到最后。

有时候，聪明人的选择不比平常人的选择高明多少。

聪明人走出自我超越自我，糊涂人一辈子走不出自我。

一条道走到黑是愚蠢，一条路走到明是聪明。

聪明人装糊涂是逃避责任，糊涂人装聪明是不知天高地厚。

坏事在聪明人手里会变成好事，好事在愚蠢人手里会变成坏事。

看人说话，是聪明人的一种策略。巧于做事，是聪明人的一种智慧。

愚笨的人碰到的机会往往多于聪明人，所谓笨人有好命说的就是这个意思。

人们讨厌耍小聪明的人，只是不太喜欢那种方式，若是换了一种方式或许人们会去追捧。

世上最愚蠢的是那种撞到南墙不回头的人，世上最聪明的人是那种知错即改、以退为进的人。

人们在欣赏自己的聪明时，往往会漠视他人的聪明。

能听正确的意见是聪明人，能听反面的意见是精明人。

凡是心中无底的事，不要自作聪明，聪明反被聪明误。

再精明的人也有失算的时候，再愚笨的人也有聪明的时候。

人的聪明才智，是从人生的一个个挫折和失败中得到的。

心路

1

最被看好的路，也是最难走的路。

好的心路才会有好的出路。

走路不看路早晚会迷路。

幻想常常让一个精明的人走上不归之路。

人在心不在，心在人不在。

自己的心秤称不准自己。

来路正的人，并非都会走正道。

本小聚人气，本大通财路。

车到山前必有路，人在难处必有招。

无胆识难登高峰，无毅力难行远路。

路太顺了易迷路。

山奇荆棘多，路平野草少。

跟跑是领跑者的必经之路。

心不干涸，自有活水。

心有好的期许，方有好的举动。

生与死的区别就在于方寸之间。

通向山顶的道路不会是笔直的。

无论从哪里出发都要记住回家的路。

2

没有前方的开路人，难有后面的通衢大道。

最好走的路，也许会出现最难预测的结果。

相似的路与相当的路，本来就不是一条路。

影子挡不住去路，火焰燃烧终有时。

没有在泥泞的道路上摔倒，不能叫摔倒。

愿望虽好若路径不对，很难走进你想见到的天堂。

世界上没有讲不清的理，没有逾越不了的江河。

有些事情只是感觉随缘，才会动心，才去用心。

心的温度要有深情烘焙，工作热忱要有激情点燃。

人离你近的时候，心离你远。心离你近的时候，人离你远。

有的路值得你一生去走，有的路你一步也不能迈。

3

走他人已经走过的路最省事，走他人未走过的路最费力。

走他人走过的路自己找不到感觉，走没人走过的路自己感觉步步有新意。

孤注一掷是愚蠢之举，只要肯动脑筋想办法，总会找到新的路径。

在他人眼里的好路，说不定在自己眼里可能是一条难走的路。

没有跌过跤的人，学不会走路。没有撞过南墙的人，脑筋不会转弯。

走的人多了便成了路，路上摔跤的人多了便少了摔跤的人。

如果你找不到更好的路去走，你就去找一条最现实的路去走。

出发点关乎你走怎样的路，怎样去走路，到达什么样的目的地。

人生吃亏在所难免，问题是你没有心理的承受能力。

是坑不去跳，他人奈何不了你。是路不去走，他人推不动你。

说得多的人，是做得少的人。看得远的人，是心里想得深的人。

心里宽，既装得下喜悦也装得下忧愁。心里窄，只装得下喜悦装不下忧愁。

心有定力的人，不为风向所动。心无定力的人，刮什么样的风都会令其抓狂。

若是离不开的东西，不妨将其装在心里，不要置于你的眼前。置于眼前的东西你是保不住的。

心理脆弱的人，身子像纸做的，一撕就碎。意志坚定的人，身子如钢铁铸造的，百锤不变。

良知

良知是人生的主色调。

良知在公道在，公道在正义在。

人们行善并非出于本能而是出于良知。

人若丧失良知与野兽无异。

动机常常在拷问你的良知。

人无责任心，拷问良心有何用？

良心不是通过秤来称出它的分量，而是从点滴的社会责任中彰显它的存在。

良知是一个人综合素质的合成，而非一时心血来潮。

心中有阳光就会温暖周围的人，心中有良知就会讲究自己的言行。

当出于一种动机而非目的去做一件事的时候，往往动机不可持久，目的难以达到。

动机就像大门的钥匙，打开大门的一刹那它的使命便完成了。

一个有良知的人，常常不是为他的人生过往骄傲，而是对过往中的某些荒唐行为愧疚。

改变

思变，才有可能改变。

自己不去改变，无人替你改变。

在创造中认识创造，在改变中去寻找改变。

不能改变自己，莫去奢谈改变世界。

不去改变自己，他人会改变你。

精神的热度，常常能够改变心灵的热度。

改变是行事的目的，而改变的过程则是它外在的一种形式。

人们每天在忙于改变自己，同时也在不停地接受他人的改变。

一个人的口味不会轻易改变，正像一个人的秉性难以改变一样。

粗俗并非不可以改变，关键取决于你是否真正拥有涵养。

若是不能改变自己，想去改变他人或是改变世界，都将是一句空话。

惰性是人生的拦路虎，只有搬走这只拦路虎，才能够改变你的人生，创造新的人生世界。

一块好石料经过雕琢才可能变成珠宝，一株好树苗经过精心呵护培养才可能长成大树。

善于改变自己主见的人，有颗聪明的大脑和一副讨人喜欢的面孔，但他的内心紊乱不堪。

倘若你接受现状，那么就去安于现状。倘若你接受改变现状，你就需义无反顾地去努力改变现状。

（二）智慧篇

智慧

用智慧播下的种子必将结出智慧的果实。

在人生的搏击场上能够胜出的，常常不是勇气而是智慧。

悟性是智慧的高徒。

谋略远在财富之上。

浅薄的土壤里生长不出智慧的大树。

苦日子当甜日子过是一种智慧，甜日子当苦日子过是一种抱负。

人生中希望走捷径的有两种人：一种是偷懒的人，一种是智慧过人的人。

力量并不能够代表一个人真正强大，聪明并不能够代表一个人真正智慧。

哲学只是给人安上了一副智慧的大脑，身板能否与智慧的大脑匹配，完全取决于自身如何打造。

真理

真理不需要证明只需要践行。

需要求证的真理不是真理。

真理是不需要加以证实的。

真理不需要阐释。

真理不需要掩饰，而谬论善于修饰。

思想的破洞要用真理的针线去缝补。

被真理的车轮碾压所留下的车辙，是一条清晰可辨的道路。

表达真理的方式，不取决于形式而取决于内容。

真理是在谬误的废墟中建立起来的大厦。

除非真理不复存在，谬论才会长上翅膀飞翔。

离谬论越远，离真理越近。

谬误躲在真理的门后，虚假与真实咫尺之遥。

虚假与真诚一墙之隔，谬论与真理咫尺之间。

有时批判谬误比捍卫真理更需要勇气。

讲坛上的真理与生活中的真理是两回事。

大道理需要阐释，小道理一讲即明。

思考

思考打开了一扇通向智慧的大门。

会思考的人，才是最聪明的人。

善思者善为，善为者善成。

思考给人力量。

好的思考行走在事发前。

思考是战胜狂躁与偏见的灵丹妙药。

思考后爆发的力量,与思考前形成的力量,不在一个量级上。

换位思考,不是将你换到最好的位置思考,而是将你换到最差的位置思考。

思想

1

思想的深度,决定人生的高度。

思想的深度来自知识的厚度。

思想一小步,人生一大步。

思想不纳新,人生必落伍。

思想松一尺,人生掉一丈。

思想没有负担,心飞得最远。

若是思想被囚住了,心还能飞翔么?

想象的光芒经过思想的发酵,荣耀地升起在大地之上。

思想上的杂质要经常清理,不清理将会堵塞思维的通道。

思想之钻能够穿透人生道路上的任何一块顽石。

思想的纵深不是一条壕沟,而是一座坚固的城堡。

思想到达不了的地方，人生再怎么努力也到达不了。

思想碰撞的火花，如同茫茫大海中的灯塔，指引人生之舟乘风破浪驶向远方。

2

思想的价值取决于行为的价值。

思想准备不足，行为常常失控。

荒唐的行为源自荒唐的思想。

行为的力度，折射出思想的深度。

行为来去有它的通道，思想来去有它的轨迹。

思想比行为站得高，行为比思想更有内涵。

思想走不远的人，行动也走不远。

思想给最好的形式，行动给最好的内容。

伟大思想产生伟大抱负，伟大抱负产生伟大行动。

思想给行动带来的是种子、春风、雨露，行动给思想带来的是愿望、果实、成就。

言行举止是一个人的表象，深邃的思想内涵才是一个人的精致所在。

生动的语言，常常能够表达精准的思想。

思想有罅隙，蠹虫来筑巢。

思想上常跳闸，要从开关上找原因。

思想的硬伤，是一条不易解开的死结。

思想的狭隘，常常将假象当真相，将真相当假象。

3

最顽固的思想敌人是人生的某种惰性。

拴住自己思想的，不是外界的影响力而是内心的固执。

脸面常清洗才清爽，思想常清洗才干净。

心灵没有灰尘，不怕他人擦洗你的思想。

织密你的思想网络，不要让灰尘钻进你的头脑。

房屋不清扫掉灰尘不洁净，思想不擦去灰尘不明亮。

意志的脆弱，源自思想深处的飘忽不定。

思想飘忽不定的时候，人生之舟最易触礁翻船。

成就一件大事，不是看你的胆量有多大，而是看你的思想是否缜密。

做人的思想转化工作，掌握火候是一个方面，搞清楚什么时间容易卡壳也非常重要。

我不能确定自己的思想是否深刻，但我绝对保证自己的思想真实可信。

穿越千年的思想洞穴仍旧熠熠生辉，光耀大地。

不解除自己思想上的束缚，将不能走向广阔的世界。

动物的阵地有明确的界线，人类思想的阵地是否也有明确的界线呢？

4

孤傲的思想城邦容不得谦逊与豁达的立足。

只有具有叛逆思想的人,才敢于冲破固有的思维藩篱,一展宏图。

将动力发挥到极致,是思想传导给动力的力量而非动力本身。

你的思想是空白的,你的人生是空白的。你的人生是精彩的,你的思想是精彩的。

你关闭思想上的大门,等于关上了通向人生世界的大门。

你守住的不只是思想上的一方净土,你守住的是你的灵魂。

宁静的人,以他深邃的思想,在观察这个世界的滚滚红尘以及追随这滚滚红尘的人们。

拧紧了思想的螺丝,人生开足了马力前进。

让思想去指挥你的大脑,而非用屁股去指挥你的大脑。

正如高端的产品需要高端的材料,高洁的人生需要高洁的思想。

贫瘠的土壤里生长不出鲜艳的花朵,颓废的思想里结不出人生的殷实之果。

清澈的江水映出蓝天白云,沉淀的思想是否能够映出你人生的抱负?

人们思想的容器里,小到可以容下孤傲,大到可以容纳星空。

人生的活力在抒写生命的自由奔放,思想的活力在抒写人生的永久记忆。

5

人生都是过客，唯有思想不会老去。

人无灵魂如同僵尸一具，人无思想如同板结的土地。

思想麻木是一种变相的沉睡，要唤醒他的灵魂是一件极其困难的事。

行为在为思维说话，无声在为有声代言。

能够从惯性的思维中走出来，见到的是另一个新天地。

偏执狭隘的思维，让一个人的智慧丧失殆尽，使其人生付出沉重的代价。

即使是最强势的人，若是被偏执的思维绑定，其前进的路上必定暗礁密布，险象环生。

当思想披挂上阵的时候，真正需要抵御的，不是正面的敌人，而是身后的怯弱。

思想的桎梏对人生的伤害，丝毫不亚于疾病对身体的伤害。狭隘思想的浅沟驶不进人生航行的大船。

思想就像一个容器，有用的东西装多了，无用的东西装得少；无用的东西装多了，有用的东西装得少。

思想是闪电，是风，是火，是日月星辰，是唱给大地听的歌，是写在心灵的诗。是人生行动的指南，是前进的灯塔，是追寻梦想的源泉。

（三）得失篇

得失

1

放弃是一种成熟，舍去是一种境界。

没有付出没有回报，没有所失没有所得。

人若不为自己着想，就不会在意失去什么。

人们不看重他的失去，往往更看重眼前的拥有。

所有的舍去，都是为了更好地拥有。

放得下过去，才有可能开始新的未来。

得到是一种收取，舍去是一种支付。

舍弃是另一种拥有。

舍不得，得不到。

放不下，得不到。

不怕失去，才会得到。

想得到的，最怕失去。

认可比得到更珍贵。

轻易得到的，不可靠。

容易得来的东西，也容易失去。

凡是轻易得到的，并不能够轻易守住。

不是你的总想得到，得到了之后并未去珍惜。

2

懂得分享，才值得拥有。

期望过多，你往往什么也得不到。

太多的拥有，会妨碍你的前行。

拿得起放得下，撒得开收得拢。

你最在乎什么，你最怕失去什么。

你拥有什么，就沉浮在什么之上。

追求得不到，强求更得不到。

轻装才好上路，舍去才能获得。

放得开的才抓得住，不放手的拥有等于空有。

不要将心思用在所得上，要将心思用在所失上。

不失去，就是得到。不亏损，就是赚到。

人总是不满足已经拥有的，渴望得到更多的。

如果失去不是为了得到，那么，失去便是一种美德。

3

守望，不是要得到回报，而是要得到人生的回响。

人心得不到的东西，通过其他方式得到的东西，其意义将大打折扣。

在得到他人的爱之前，你应当先付出爱，这样得到的爱才受之无愧。

你喜欢的人，他未必喜欢你。你看中的人生，未必是理想的人生。

你喜欢什么往往得不到什么，你讨厌什么往往会给你送来什么。

有些事早一点忘却是一种粉饰，有些事早一点失去是一种所得。

水沉淀的时候可以清澈见底，人静下心来的时候可以看清其得失。

放不下过去，走不出过去。固守现在，走不进未来。

该放的放下，该舍去的舍去。放下是减负，舍去是获得。

得到并非等于拥有，拥有并非等于永久地享有。

你从哪里失去的，你会从哪里得到补偿。

最钟情的往往最不容易得到，最不看重的最先得到。

没有必定的输，没有必定的赢。只要你想要，你就能够得到。

4

若是什么都不愿意放弃，那你将什么也得不到。

不要认为得到了就应当窃喜，也不要认为失去了就应当悲伤。

强扭的瓜不甜。不是你的不要强求去得到，即使有一天你得到了，也不会真正拥有。

只有经历过了，收获了得失，人才会真正懂得哪些该做，哪些不该做。应当追求什么，摈弃什么。

也许正是失去，才会让我们拥有。也许正是痛苦，才让我们变得坚强。

美好的东西最适合懂得珍惜的人拥有。

拥有并非独有，享用并非可以任性。

拥有是暂时的存放，舍去是在收获未来。

拥有是长久的满足和富足，占有则是非正当的攫取。

喜欢什么你会得到什么，钟情什么你就会爱上什么。

占有不等同于拥有。

不想失去果园，就要学会管理果园。

如果得不到你所想要的东西，不如主动放弃它。

不是你的，怎么渴望也得不到。是你的，离得再远也跑不掉。

人是有欲望的高级动物，虽然已经拥有了许多，但还在渴望拥有更多。

失去今天，将会失去明天。

5

沉醉你的过去，可能失去你的现在。

失去的并不重要，重要的是我们再也回不到从前。

失去，对有些人来说是一种失落，对另一些人来说是一种洒脱。

人们常常关注那个得到的，却很少去关注那个失去的。

心不在，人的去留已不再重要。

要想得到金子必先付出银子。

失去的时候痛苦，得不到的时候更痛苦。

舍近求远的举动，在局外人看来得不偿失。

得失的取舍，在很大程度上是由人生的态度决定的。

当你一无所有的时候，你才会真正后悔失去曾经拥有的一切。

做得最多的人不是得到最多的，做得最少的人常常是得到最多的。

6

有人想得到很多，最终得到的很少。有人不想得到什么，最终得到的很多。

一座大厦的建造者，并非是它的使用者。一项成果的发布者，并非是最大的受益者。

自然界的植物有自我修复的功能，人也如此。在一件事上的过失，在另一件事上得到修正。

当一个人明白了生死在一念之间，就没有什么放不下的，就没有什么舍不去的。

懂得人生的取舍，才真正弄懂了人生的价值。

决定人生的取舍，不在于你想得到什么，而在于你是为了什么。

没有人愿意不顾一切地为你舍弃一切。

欲望

无节制的欲望是走向地狱最便捷的通道。

节制欲望是拒绝诱惑的有效手段。

有节制的人，内心都是强大的。

如果连自己的生活都没有节制，你还会放飞人生么？

人的欲望常常超过自己的所需，人的胆量常常超过自己的预期。

人与动物的最大区别在于，人可以节制自己的欲望而动物不会。

欲望会成就一个人，也会毁掉一个人。

欲望不是由年龄来决定，雄心不是由力量来决定。

欲望是人的本性，会把控欲望的人将欲望转化为其人生强大的正能量，若是不对欲望加以节制，将会给自己的人生带来灾难性的后果。

贪婪

超过了自身的需求，是一种贪婪。

广阔的天地里安不下一座贪婪的心房。

人的力量放大了是超越，钱的力量放大了是贪婪。

贪心是无法得到满足的，站在此山顶还想着彼山顶。

得一寸进一尺，得一分进十分，贪婪者的欲望没有满足的时候。

贪婪者即是如此，给他一间卧室，他要一座宫殿。给他一口井，他要一条江河。

纵欲是贪婪的最大帮凶。

放纵是堕落最便捷的途径。

责己受人敬重，放纵被人厌恶。

心不正贪心找上门，德不正恶行找上门。

贪婪者在建造宫殿的同时也在自掘坟墓。

贪婪者吞噬着做人的良心也吞噬着做人的智慧。

误判将一件好事办砸，贪婪将大好前程毁掉。

人们看重了财富，往往会激起更大的贪婪。

贪婪让你一时获得满足感，留下终生的悔罪感。

贪欲是人生最可怕的敌人，激情是人生最宝贵的财富。

馈赠与索取的区别是：一个坦荡，一个贪婪。

廉洁与贪婪是人生结出的两个果实，一个是甜果，一个是苦果。

贪婪吞噬一个人身上的每一个健康的细胞，将其身体及灵魂带进了地狱。

人的天敌，不是来自自然界伤人的动物，而是来自自己内心无法遏制的贪婪。

你不能贪心更多的好处，你要给自己的心房留下一些空间，以便装进新的需求且有价值的东西。

贪婪者并非不知道其行为的后果，侥幸是促使他们施行这种行为的唯一理由，其他任何理由都解释不通。

贪婪是人的一种本性使然。有的人吃在嘴里盯着锅里，有的人已经拿在手里，还想将兜里装满。

谎言

比真理耀眼的是冒充真理的谎言。

真理不急于回答，谎言却抢先表演。

谎言的本领在于惑众，真理的力量在于释惑。

貌似真理的谎言是廉价的。

谎言再怎么伪装，总有露出破绽的时候。

谎言之所以能够迷倒观众，是因为谎言貌似真理的面孔。

狼披上羊的外衣不会成为羊，谎言穿上真理的外衣不会成为真理。

谎言总是偏爱那些有私心的人。

好戏常常冷场，谎言不乏听众。

谎言善于伪装，所以不缺少信徒。

明知谎言具有欺骗性，有些人却热衷于追捧它。

谎言没有嘴也会传很远，因为谎言有它的拥趸。

谎言的流行得益于众多推手的助力。

谎言之所以能够像货币一样在市面流通，是因为某些人的需求。

谎言的迷人之处在于它有一副善变的面孔。你喜欢什么样的面孔，它会为你展示什么样的面孔。

画饼不能充饥，谎言不能解决问题。

谎言即使披上神圣的面纱也找不到庄严的感觉。

在真理面前臣服不掉价，在谎言面前臣服才失格。

离真话越远，离谎言越近。离真话越近，离谎言越远。

不必担忧，乌云终会被太阳驱散，谎言会在真理面前现出原形，白昼来临黑夜结束。

（四）感悟篇

思辨

1

简单并不意味着单纯，复杂并不意味着精致。

那种高调的花朵并不会结果。

盆栽的植物长不成参天大树。

黑夜中闪烁的并非都是星星。

过程的精彩，并非可以确保结果的精彩。

剑走偏锋，人行大道。

迟钝的剑，让鞘蒙羞。

锋芒毕露的人，第一个受伤。

不试牛刀，怎么知道是锋利还是迟钝。

钝刀子杀人不见血，软刀子杀人不觉痛。

刀锋浪尖上跳舞，该是一种怎样的舞姿？

天堂离我们很远，地狱离我们很近。

没有香火的庙宇，只是一座空庙而已。

自重的殿堂供奉不起虚伪的高尚。

最大的痛苦莫过于对痛苦本身的轻视。

有时候幻想就是绝望时的一根稻草，它给了你撑下去的动力。

精神的巨大作用，支撑起一生的承重。

无限夸大精神的作用，实际上是在贬损精神的作用。

想得开的人怨气少，看不开的人纠结多。

想得越多，想得越深刻。想得越少，想得越肤浅。

虚假常常披着漂亮的外衣干着不法的勾当。

冤仇何时了，记恨何时休？

2

溢出的东西都是沸点之外的东西，真正的精华在沸点之内。

有些戏一开场就知道它的结局，有些话一说出来就知道它的效果。

不要以为高明的骗术能够迷住人的双眼，低劣的骗术同样令上当者不乏其人。

不知道不为过，知道了不改过才是过。

沉默久了总会失语，兴奋过头了总会叹息。

面子是一时满足，里子是永久的充实。

漂亮的外表最具欺骗性。

朴实是金，无须雕琢。

群峰比肩，看谁站得最高。

闪光的并非都是金子，好喝的并非都是佳酿。

闪光的金粒，开始都是掩埋在无人留意的沙石之中。

肚子里装进了一些不易消化的东西，真正有营养的东西装不进去。

3

点子越多，越不可能实现。

很难想象，一个狂妄之徒能够成就一番大业。

将他人的牙慧视为一件宝物，岂不可笑？

借助他人的力量，你会走得更远。

你可以暂时走在我的前面，但不一定会比我先到达终点。

是你的，早晚是你的。不是你的，想去争也争不来。

狂躁是在向冷静投降。

狂风不自量力地去撼动大地。

对付荒唐的人，用荒唐的办法才有效。

没有一种可能是廉价的，每种可能都待价而沽。

饿狼不会去关注狐狸的高论，而是直接扑向它的猎物。

无论是过去还是今天，总有一些人披着合法的外衣干着非法的勾当。

喊苦喊累的人并非真苦真累，一声不吭的人，恰恰是最能吃苦最能受累的人。

为了生存而去竞争的人，不要都去挤那座独木桥，你自己的足下就有一座桥。

4

离风险最远的人并非最安全的人，离风险最近的人并非最危险的人。

蜜蜂或许不像人们想象的那样，从一个饭局匆匆忙忙赶往另一个饭局。

说法只是应酬的一种最佳表示，而非真情实意，千万不要当真。

树木对斧头夸耀说，我至少拥有百分之三十的你，你的身体是我身体的一部分。斧头点头笑了笑，不作回答。

沉默比张扬更有力量。

动静有讲究，虚实有学问。

独立是孤独的另一种解释。

答卷一张纸，回答重千斤。

不将话挑明，是不让对方难堪。

爱计较的人，往往也爱搬弄是非。

扮相的高贵并不比乞丐的形象尊贵。

光环让你耀眼，也让你受伤。

光环褪去不如常人。

不到危难处看不出一个人到底有多大作为。

不入其中，不知所踪。

不在其中看什么都是单纯的，若是身在其中看什么都是复杂的。

比较是一种鉴别，而鉴别则是一种扬弃。

5

不管是顺风还是逆风，都值得走进风中去起舞。

沉寂得久了，总会有石破天惊的一天。

对自身的潜能，人们平时并未意识到，只是在背水一战的时刻才能显示出潜能的威力。

多看一个人的长处，远胜于对他人的施舍。

风不看天的脸色，雨不看云的凝重。

不看他的丑陋只看他的光鲜，不看他的过去只看他的现在。

轻视他人，是在为他人立一座高山；贬低他人，是在为他人赢得人缘。

人格用无声来证明它的有声。

你给予他人什么，他人会回赠你什么。

你看这个世界是可爱的，世界看你也是可爱的。

憨人的可爱之处，是有一股讨人喜欢的憨劲。

花有千姿，人有百态。

孤独的花朵也芬芳。

瓜有四面圆，人无四面光。

垫场多了戏无看点。

过程的惊喜并非能够证明结果的丰硕。

种自己地里的粮食，收获的是自己的汗水所得的成果，吃出来的粮食是自己的味道。收获他人地里用他人汗水种下的粮食，吃出来的粮食是他人的味道。

6

不谋求不会有。

不去关注，总会陌生。

不朽与永恒同在。

不要怕失误，失误就像摔了一跤，爬起来就是了。

不怕你吵吵嚷嚷，就怕你我行我素；不怕你打打杀杀，就怕你按兵不动。

不要与他人赌气，赌气让你输得一塌糊涂。

不怕人无理，就怕人不懂理，不讲理。

冲动是一个长不大的孩子。

宠物认家门，麻雀攀高枝。

迷恋什么，最终失落在什么上。

你在什么地方纠结，你将跌倒在什么地方。

迷途知返，十年不晚。

墙倒众人推，人倒自身毁，堤牢万人垒。

面目易变，人的本性不易变。

庙旺靠一炷香，人兴靠一股劲。

人若无恒，一事难成。

是好钢要经炉火冶炼，是好汉要敢于渡激流涉险滩。

7

若是要人仰视你，你必须站在一定的高度。

手够不着的地方踮起脚尖也不一定够得着。

刹那并非瞬间，永恒不等同于不朽。

没有意识到的危险才是最大的危险。

宁可盲目空喜一场，不可荒唐一场。

两只脚不可能同时迈进一道门槛。

两种力量的较量，常常表现出场外的对峙比场内的对峙更为激烈。

那些令人绝望的地方，也会让人起死回生。

如果无法回避死亡，那就静心等待新生的到来吧。

幻觉让你走进天堂易如反掌，现实中要走进天堂可不是那么容易。

充实即为好，满足即为富。

在矮人面前莫比高，在穷人面前莫摆富。

富日子要当穷日子过，穷日子要当甜日子过。

富人讲究风水，穷人只看朝向。

活在无奈中是窝囊,活在精彩里是幸运。

家家都有一本难念的经,人人都有可能走麦城。

唾沫星子会杀人,对此,应深信不疑。

8

冷漠堪比用刀子伤人。

揭人短,扇人脸。

山沟里刮风阴冷,人世间冷漠伤人。

山雀在树枝上嘲笑空中的苍鹰。

离谱嘲笑无谱的,吹牛嘲笑撒谎的。

十分钟的冷与一分钟的热没有本质上的不同。

亏欠一个人的,早晚是要还的。

成全并非只是他人赢,是双赢。

人们看好象征的意义往往大于实用的意义。

人们看到天际陨落的是流星,恒星是永远不会陨落的。

人们常常在理性面前止步,同时,又深深陷于非理性的诱惑中不能自拔。

人们常常能够享受荣誉带来的快感,却很难去感知人生某种缺陷之耻。

人们常常喜爱那些顺从的人,厌恶那些性格叛逆的人。

人们渴望被他人理解,可又常常不能够去理解他人。

人们从模仿中走来，从一个陌生世界走向另一个陌生世界，直到找出一条新的通衢大道。

人们十分看重手中攥着的东西，但真正有用的东西却被人们漫不经心地一点一点丢掉。

9

人们往往不大重视那个播种者，而看好那个收获者。

人们往往憧憬远方，看轻看淡身边已经拥有的。

人们往往重视台面上的较量，而忽视了台面下那种爱学习、善思考的人。

人们常常用冷眼去看待那些勤奋者，用羡慕的眼光去看待那些成功者。

人在兴奋时容易忘乎所以，人在消沉时不堪一击。

人们喜好张扬远胜于宁静。

门面气派不一定是豪宅，语言漂亮不一定有真才。

最美丽的语言不是华丽的辞藻，而是最朴实的谈吐。

咆哮是动物发起攻击的前奏，动粗是人类穷尽语言无效后的招数。

好的标准，你能够看得见，也能够摸得着。

10

认可是一个人判断他人的最高标准。

多个标准，没有标准。

明星在升起的时候耀眼，在未升起的时候暗淡。

发光的并非都是金子，但是金子一定会发光。

发展的气场点石成金，人生的气场采银摘金。

守着金子生不了金子。

从微尘中发现金子不是一般人所能为。

凡是茂盛的植物，它的根须特别发达，深深扎根于土壤的深处。

疯长的瓜秧结不出好瓜。

嫁接的果子少了原有的味道。

那个自称果树专家的人，其栽种的果树只开花不结果。

那种常常夸下海口的人，并没有力量去兑现他曾经夸下的海口。

观察一个人的所作所为，不需要待在近的地方，待在远的地方也可做出准确的判断。

11

那个常常给你指错方向的人，时常责怪你不明方向。

敬佩一个人是一回事，做好人又是一回事。

堆砌辞藻像垒起虚高的山峰，让人望而却步。

跟跑者的脚步永远撵不上领跑者的脚步。

跟跑变成领跑只是一步之遥。

粗心的人失误在放弃细节，细心的人胜在重视细节。

年轻时轻率作出的决定，一生都在偿还。

老年人在乎他的过去，青年人在乎他的现在。

无感的老去比新生的痛苦更可怕。

害怕衰老并不能阻止衰老向你走来。

将衰老看成一个享受的过程，而不必去看重它的结果。

怕老，截至目前世上并未有任何力量可以阻止你变老。

树从芯老，人从脚老。

树龄看树轮，年龄看皱纹。

上了年纪的人，已不再像年轻人那样做出种种鲁莽的举动，他们给年轻人留下的遗产：少了冲动，多了内敛。

青年人像一块待琢的美玉，中年人像一首惟妙惟肖的曲子，老年人像一本发黄的百科全书。

丢失的物品可以找回来，丢失的岁月找不回来。

瞬间留下的遗憾，一生在偿还。

12

过往的总是带有某种美好的回忆，现实的总感觉有某种沉重。

愿望都是美好的，现实往往很残酷。

华丽的容器装不进你真正需要的东西，你需要的东西在那个简陋的容器里。

幻想的力量可以激起一时的热情，但不能将这种热情保持长久。

护你并非是在爱护你，给你挑刺是在为你把脉问诊。

水跟水争比深浅，山跟山争比高低，人跟人比争输赢。

人活着争一口气，死了争一尺土。

知道从哪里出发，不知道何处是终点。

知道为什么而生，知道为什么而活。

重要的不是怎么看，而是怎么干。

不与时代同步，人就要落伍。

前者留下伏笔，让后来者去续写精彩。

从静中找乐的人，是享受了过多的喧哗。

攀比往往扭曲了对正常需求的渴望。

贪吃的猪，其实不比狡猾的狐狸愚笨。

13

馈赠是一种慷慨而非施舍。

免费不是廉价的馈赠，而是变相索取的诱饵。

就算是仙境，也有魔鬼出现。

有这样的一种人：他在需要你的时候，视你为上帝；在不需要你的时候，视你为乞丐。

与虎狼为伍，吞噬的不只是自身。

缘分是两种相同的气息吸引住了对方。

只能同享受不能同困苦的人绝非同路人。

能同行的不少，能彼此知根知底的不多。

你站得太高，人们只能仰望。你是否可以降低一下你的高度，让人们与你一同前行。

一棵树上长不出两颗相同的果子。

印象之树只开花不结果。

14

忙于给他人戴帽子，不如勤于给他人铺台阶。

口无遮拦不必计较，深藏不露不可不防。

小鬼捣乱，瘟神支招。

小看他人，吃亏的不只是眼前。

被狐狸盯上绝不是件好事。

树怕剥皮，人怕打脸。

树要护皮，人要讲脸。

脸皮薄的人有个好处，不会做出格的事。脸皮厚的人，其举止常常不顾及他人的感受。

15

感受比相见更深刻。

粗俗是自大的近亲。

杏子酸有人馋。

外观不好，损其内核。

外伤好治，内伤难愈。

软刀子比硬刀子更伤人。

实践出真知，鉴别识优劣。

十个逞能，十个碰壁。

十个犟人，九个厚道。

一把金钥匙打不开一把锈锁。

一间磨坊容不下两头犟驴。

一粒微尘模糊了视线。

一旦痴迷，很难自拔。

一个人到了无所顾忌的时候，离堕落就为期不远了。

一个人无论怎样变化，他身上特有的气质是变不了的。

圣山都有仙气，圣人都有风骨。

16

有人捧场就有市场。

要收买他人，溢美之词是最佳的方式。

造势者大都需要借助外部的力量。

站在风口浪尖上的，总是第一位受伤者。

站在高处也许云雾会遮挡住你，站在低处也许会被众人聚焦。

在一个人眼里被视为丑陋的，在另一个人眼里说不定被视为高贵。

有的人不是远在天穹的星星，而是一只不被人注意的萤火虫。人们只能在漆黑的夜晚发现它的存在。

存在即有其合理性，否则就不会存在。

不管你相信不相信，世界上存在一种恒久的报因关系。

沙漠没有固定的疆界，它的流动之处则是它的疆界。

每一名固执者就像一座坚固的城堡，除非你能设法从内部攻克它。

17

许多人仅仅满足于对经验的感知，而不去深究经验里面的真谛。

发型应当是衬托脸型的，可是现在有些人的脸型却用来衬托发型。

良币在市面上畅通无阻，劣币在见不得光的地方流通。

耗子贪吃，只会在不见天日的黑暗中进行，不会在光天化日下进行。

猫不捕鼠，养痈遗患，到时老鼠就有可能向猫发起攻击。

猫布局是为了逮住耗子，而耗子布局则是为获取食物。

没有人愿意去做蚀本买卖，除非他是个十足的傻子。

山羊不会傻到为豺狼去站岗。

羊被狼盯上，在劫难逃。

羊毛出在羊身上。你从彼身上取走了多少，最终会还给彼多少。

善辩者的高论止步于辩论场。

善始容易善终难。

善于造势的人赢得喝彩，真正出众的鲜有人关注。

18

真正的专注是不为任何诱惑所动。

上钩的都是贪吃的鱼。

识相的眼睛盯得贼亮贼亮，识货的脑袋削得顶尖顶尖。

再高的围墙，挡不住想翻越的人。

再好的天堂，也不是适合每个人去居住。

再精良的武器不使用只能是一种摆设。

在什么样的级别，享受什么样的待遇；在什么样的位置，应当有什么样的作为。

一个人的潜质决定一生的成就。

一口饭吃不成一个胖子，一块砖头建不成一座大厦。

胆量大的孩子是在苦水里泡大的。

钢铁不怕敲打，花瓶一碰就碎。

靠人推动只会被动。

19

流汗多的人不伸手，出力少的人乱伸手。

蝇拍只能用来拍打苍蝇，消灭蟑螂则需用杀虫剂。故而不一样的工具不一样的利器。

有理的时候让理，无理的时候服理。

没有说不清的理，没有解不开的仇。

人中有我，我中有人。

相互捧场成了某些宴席上一道受欢迎的甜点。

藤蔓与森林的关系是共生共荣的关系。

看重那个会笑的，莫看重那个在哭的。那个会笑的给人愉悦，那个在哭泣的让人沮丧。

没有碰过钉子的人，不知道什么叫钉子。没有经历过痛苦的人，不知道什么叫痛苦。

健忘像是一种病态，更像是处在幻觉之中。

没有想象力，就没有创造力。

20

玫瑰带刺并不影响其芬芳。

起步不稳,终点不达。

气势,是一种实力、一种能量的展示。

轻佻是比风流更为严重的疾病,要治愈它不容易。

让你去适应他人,就像让你去建一座房子,若是房子建大了住进去空落落的,若是房子建小了住进去憋屈得慌,这会让你左右为难。

使用什么样的材料,建造什么样的城邦。

细节在某种程度上决定着你所想要的结果。

师出有名非有上乘表现,师出无名也有不俗业绩。

人的胃口大了,再多的食物也喂不饱。

摔跤者大都是急性子。

戏的高潮在压轴。

21

霜打的柿子成色好。

所有的狂热,终将用它的落魄来偿还。

他人的恩惠或许能够免除你欠他人的债务,但无论如何不能避免自身的灾难。

通常，善于做表面工作的人受到的奖赏，远远高于那些埋头苦干的人。

完美是遥远的星辰，只有仰望星辰的人才有可能走近它。

享受孤独也是一种境界。

需要不用借口而直奔主题，不需要则往往用借口来搪塞。

眼睛盯着他人锅里的美味，将自家的一锅饭弄煳了。

22

这个世界上，有人不计成本地耗日子，有人精打细算地过日子。

阵痛带给人们一时的痛苦，长痛带给人们一生的痛苦。

正餐让你吃出最佳的味道，配餐让你吃出不同的味道。

止渴的并非是甘泉，救命的并非是稻草。

置你于危险境地的人，也可能是你起死回生的贵人。

重复也许如你所愿，但没有重复就有可能找到新的开始。

追寻他人的影子，你会成为另一个人的影子。

最耀眼的人物，也最易成为他人的靶子。

做得了好人，并非能够成为一个俊才。

要让他人走近你，你不能站在老远的地方等待。

感悟

1

当你无所求时,你便无所忧。

秀场从不缺少角色。

不曾哭过的不懂笑,没有摔过跤的不会跑。

回不去的时光,都具有怀念的意义。

看见你从哪里出发,知道你往哪里去。

风是煽情高手,撩拨得河水春心荡漾。

只要心在路上,再远的路都不是距离。

好山水要有好心情,好气场要有好观众。

失去了,就丢掉了;走过了,就过去了。

能留住人心的地方,一定是迷人的地方。

在他人田里播种,长不出自己需要的庄稼。

走远了是你的背影,走近了是你我的心灵。

人在物质上可以少有,在精神上应当富足。

2

一寸见方的感悟,不亚于大千世界的精彩。

会想的，享受一生；不会想的，折腾一生。

不要因为怕他人说你五音不全，而放弃歌唱的权利。

你想见的人，望眼欲穿；你不想见的人，近在眼前。

暴雨尽情地挥洒弹唱，江河视它为一首优美的曲子。

给你阳光并非能够灿烂，给你云彩并非能播洒甘露。

某个人的优点和缺点，带着某个人的特殊气息和味道。

3

有人是用眼睛看世界，有人是在用心观世界，有人是在用脚走路，有人是在用心走路。

从女人脸上的微笑感受其内心的热情，从男人冷峻的脸上感受其内心的坚毅。

存在的东西都有其合理性，合理性里面包含着规律，找到了规律就找到了制胜的法宝。

与强手较量，不要只盯着强手的强项，要善于发现和掌握强手的软肋，以增强你的信心。

用生意人的眼光看世界，满眼都是利。用智者的眼光看世界，满眼所看到的事物中都富含哲理。

在错误的时节，错误的地点，错误的路上，洒落下一生揪心的记忆。

昨天的太阳照不到今天的人的头顶，昨天的道路留不下今天的人的足迹。

要知道一个人内心里珍藏着什么秘密，其微笑已经做了最好的回答。

心从最近的地方起飞从很远的地方降落，情从很远的地方走来在很近的地方聚会。

原来我以为，同种鸟只有一种声调。后来我才知道，每只鸟都有不同的叫声。

4

聪慧或者出于一种天性，或者出于一种本能。

喜剧有人将它演变成悲剧，悲剧有人将它演变成喜剧。

能为你去生的人，也能为你去死。能给你甜的人，也能给你苦。

看重他人的言辞，往往耽误自己的行程。

人们在观察他人的时候，往往看到的是他人的外在形象，而对他人的内在素质并不了解，所以对他人不要妄下结论。

所谓的溢美之词，不过是对某种人的奉承。其实，内心里并没有真正佩服过某种人。

所谓的好女人，是不把自己当弱者，不去助长男人大男子主义的人。

所谓的"别处"，是你曾经放弃过的地方。

5

人太感性了缺少抱负，人太物质了缺少品位。

想得到做不到,是你心中迈不过去的一道坎。

观看他人家的风景,不如打理好自家的花园。

看似很像我们的人,其实离真实的我们很远。

在沉默中享受宁静,在喧嚣中观察五彩世界。

旅行者观景尚在其次,相约相伴才是踏上归途。

活着是为了生存,但生存并非仅仅是为了活着。

一时的好可以不去记住它,一生的情不能淡忘。

只要阳光在你的头顶照耀,阴云就会逃之夭夭。

看他人的花园繁花似锦,看自己的田园杂草疯长。

万物在打破平衡的同时,又具有自我修复的功能。

你不愿说出心中的秘密,让另一颗期待的心沉寂了许久。

哲思

1

越是不可能的事情,越是有可能给人惊艳。

要求太高,实现的可能性很小;要求不高,能办到就好。

食品的生熟有赖于火候,食品的咸淡有赖于厨师的调配。

不要只顾欣赏花的芬芳,那尚未绽放的蓓蕾同样高贵无比。

有些话说出来怕是收不回来,有些路走错了怕是回不了头。

如果没有相貌平平的人陪衬，相貌出众的人就不会让人惊艳。

无效的防守不如主动的撤退，主动撤退是为了组织有效的进攻。

人们都生活在围城之中，一个是有高墙的围城，一个是没有高墙的思想围城。

自作多情是一种病态美，欣赏它的人将其视为鲜花，厌恶它的人将其视为垃圾。

将金钱看得太重的人是自己羞辱了自己，将感情看得浅薄是自己作践了自己。

猛将也有怯懦的一面。

2

新瓶装陈酒依旧是陈酒。

长得好的谷子中也有稗子。

耀眼的花朵大都凋谢得早。

过高的期望，极度的失望。

岁月擦掉浮华，沉淀老成。

再小不言小，再大不视大。

秉性造就个性的特立独行。

荒腔走板其心不在唱功上。

心中无大我，小我就是国王。

挂在嘴上的人不一定在心上。

放养的家禽健硕，惯养的孩子娇嫩。

无力不敢做事，无知到处惹事。

画眉画骨难画心，坐井守成不见天。

一件事的尽头，是另一件事的起点。

人自己不去发光，就会被他人磨光。

3

背离自己的初衷，往往得到相反的结果。

看不见的软伤比看得见的硬伤更让人疼痛。

伟大中不乏某种渺小卑微的影子。

高山隆起并不认为是自身力量的缘故。

回声不是原声的复制，而是原声的再造。

在沮丧者的面前载歌载舞是不道德的行为。

谁站在议论的中心，谁将成为众人的靶子。

刹那向永恒提出同行，永恒笑了笑走开了。

在边缘行走的人，总会有失去重心的那一刻。

一个只会笑的人，不会真正懂得哭的含义。

4

你心里冰天雪地，怎么好去与他人讨论春天。

人虽然已经老去，身上的光影依旧传得久远。

人能悔过，亦能自新。人无廉耻，失去良知。

语言的轻重，不在于它的声调而在于它的分量。

每一件靓丽事物的背后，都曾经沾染过某些污垢。

沉默比危言耸听的胡言乱语更为令人折服。

淘汰并非死亡的法则，淘汰彰显出生命力的强大。

有些事情错了可以重来，有些事情错了就回不来。

真相就在隔壁的房间里，只是有时候你会走错房间。

握不紧的东西不如松手，走不通的路不如暂且放弃。

花木授粉借助风力，人的进步也少不了外在的推力。

不怕被人当泥踩，你就会成为为人生铺路的好材料。

羡慕登上顶峰的人，大都缺少登临者的勇气和毅力。

5

挑剔的人看什么都不顺眼，贪心的人看什么都想利。

动物的世界在自然的天地，人的世界是心中的天地。

有些事想多了，办不到。有些事不去多想，遂如愿。

自己没有，谁也给不了；自己有了，不用去求任何人。

旧的不去新的不来，陈腐的不去掉新生的成长不起来。

走在他人身后的人，只会拾他人的汗珠子，永远拾不到珍珠。

有的人就是这样：在强者面前服服帖帖，在弱者面前趾高气扬。

假如你的心中没有春天，即使春天走到你的面前，你依然感觉不到。

人都是会衰老的，趁未衰老之前，努力去做一些让人们留恋的好事。

顺理成章的事为你搭起了一座便桥，能否顺利地过桥，全在于个人的造化。

他人用不同的方式取悦你，并非是想从你那里得到什么，只是想引起你的注意。

不想见面的人恰恰是那个常常见面的人，想见面的人恰恰是那个从自己身边已经离去的人。

6

不要认为你的心是善良的，整个世界就是仁慈的。

世俗的强大并不可怕，可怕的是人们在世俗面前麻木不仁。

所谓的免费午餐，不过是事前已经支付了必要的成本。

所谓颠倒，就是让过惯了甜日子的人去过一下苦日子，尝一下苦日子的滋味。

好恶

不与好人同伍，必与恶人同流。

跟着好人做善人，跟着巫婆学鬼神。

结识一个好人是人生的幸运，结识一个坏人是人生的悲剧。

人们根据对他人的了解程度，增减对其或好或坏的评价。

好中有坏，美中有丑。

成色还是原真的好。

在你眼里不看好的东西，在他人眼里是个宝。

将一个人看得过于好，是一种粉饰。将一个人想得过于坏，是一种贬低。

坏人横行固然可恶，若是好人对坏人的恶行视而不见，更是可恶。

旧的东西不去，新的东西不来。好风气盛行，不良风气才能退场。

轻视过程得不到好结果，看重结果慢待了过程，同样得不到好结果。

再好的东西总有人说好，有人说坏，这是因为每个人站的角度不同，得出的结论不会相同。

世上竟有这种人：你对他好，他认为天经地义。你对他狠，他则百般地讨好你。

近朱者赤，近墨者黑。跟着好人做好人，跟着恶人做恶人。这是亘古不变的道理。

人们常常通过示好来缓解与他人的矛盾，但对他人来说，这种示好有时并不是一种友好的举动。

（五）反思篇

反思

1

浅薄比无知更可怕。

浅薄是无知者的通病。

背离初衷，难以善终。

过了头，难回头。

高耸的大厦依赖于牢固的地基。

张扬的人易受捧，直率的人易受伤。

张扬与宁静不会同时坐在一条板凳上。

不平等的交换，换回的是不等值的交换物。

公正的天平上容不得一丝一毫的误差。

算计得再精明的人，也有失算的那一天。

损人者自损，卑劣者自劣。

杂草多了欺压庄稼。

贪吃和聒噪，是乌鸦被黑的两大恶习。

躺着中枪，是有人要把你当靶子。

2

徒具外表的形象，不能给人震撼的力量。

是非面前第三者最易受伤。

受伤最重的人，往往是与其最亲近的人。

世上无奇不有，人中良莠不齐。

从锁缝里看人，看到的是被扭曲的人。

世界上最可怜的人，是那种没有脊梁骨、只会乞求他人施舍的人。

与其为一个失之交臂的人痛苦，不如在你倾慕的人来到之前做好迎接的准备。

害你的人，是用甜言蜜语哄骗你的人；关心你的人，是用直言耿语提醒你的人。

我送给你的是一颗滚烫的心，你回报我的是一只伤害人的冷箭。

一个瞬间落下的伤痛，让人一生去承受。

人们应当意识到，暗地里行恶比那种在大庭广众面前行恶的人更令人猝不及防。

人们往往在意过得去，对过不去并不看重、并不设防。

纠结过去让现实背上沉重的包袱，既耽误行程又影响情绪。

怀旧是人的本能，只是这种怀旧是否能给你带来新鲜的感觉。

3

悬念留给未来去破解，现实需要明晰的答案。

没有哭过的人，不会真正地笑。

远眺不觉在其中，近看已入红尘。

陨石的坠落丝毫不影响星空的灿烂。

豪言像是挂在天上的星星，想用的时候够不着。

不要羡慕他人的高度，或许有一天，你站的地方比他人更高。

走得快的人，要看其是否走得稳，是否走得远。

站得最近的人，并非是看得最清的人。站得最高的人，并非是看得最远的人。

人在绝望的时候，最容易收获真情。人在成功的时候，收获的是溢美之词。

废话多的时候，正经话少；假话多的时候，真话少。

响声并非回声，而回声已经不是曾经的那个原声。

喧嚣之声可以堵塞你的双耳，但蒙蔽不了你的双眼。

4

谣言的传播者，往往比谣言的制造者更疯狂。

即使与你朝夕相处的人，也很难说真正了解他。

即使功高盖世的人，其恶行不能借助荣耀赦免。

骗子行骗得逞的事例，证实了骗子骗术的高明之处，也使人看到了受骗者的幼稚之处。

骗子投之以饵，是为了钓到更大的鱼。

乞讨者的面前，鲜有高贵者去施舍。

装腔作势者，肚子里缺少真才实学。

有人善变，人们往往只注意到其头脑的灵活性，却忽视了其头脑深处的飘忽不定。

有的人在清清白白中老去，有的人在混混沌沌中死去。

有什么样的氛围产生什么样的主色调。

与某些无见识的人合得来，不如与一个有见识的人合不来。

5

人们并不看重你拥有什么样的容器，而是看重你往容器里面装进什么样的东西。

两杯酒里盛满了两种色调：自己的酒杯里斟满了对他人的敬意，他人的酒杯里斟满了对自己的疑惑。这两杯酒该如何同饮呢？

我该为他人做些什么好呢？我刚刚满足了朋友一个小小的要求，他又提出一个更大的要求。这种得寸进尺的人让我不胜其烦。

为什么乌鸦一开口人们避而远之，为什么喜鹊叽叽喳喳叫不停人们兴奋无比？看来，污名一旦上身即使再漂亮的孔雀也会遭人唾弃。

拖欠他人的债务，在某些人眼里不是一种压力，一种耻辱，反倒是一种趾高气扬的荣耀。

尊贵者以为自身的奢华是理所当然，对穷困者的凄惨境况则认为命该如此。

嘴上说抗拒诱惑，心里却在想去尝一尝诱惑的滋味。

再好的演出要有观众的观看，再美妙的音乐要有知音欣赏。

虚荣

有些失去是好事，比如虚荣心。有些得到是祸事，比如不义之财。

招摇的树枝易受损，虚荣的堤坝经不起人生波浪的冲刷。

虚幻的花朵再鲜艳也结不出饱满的果实。

竞技场上不相信豪言，实力是最终的证明。

只要你的歌声是动听的，就不会缺少听众。

在鲜花的簇拥下蒺藜也被视为高贵的象征。

虚荣心有时候表现得比进取心还要强势。

一个人的虚荣心，常常大于或强于其心智。

不要理睬那些吹毛求疵者，其内心深处比任何人都渴望成功。

虚荣心担心受冷落，不时在他人面前故意装出一副高贵的模样。

用虚荣心去装饰个人的门面，无论如何也达不到其想要的结果。

夸耀自己的成绩，不是在展示你的抱负、才能，而是在展示你强烈的虚荣心。

出于虚荣心的本能，人们总在将靓丽的一面展示给他人，将丑陋的一面深藏不露。

人们应当有足够的力量决定自己的前途命运，但自负与虚荣心常常在摧毁这种力量。

嫉妒

树大招风，人红受嫉妒。

嫉妒之人，失去的是人生的进取心而非人生的亮度。

通常，被嫉妒的对象比自己强大而非比自己弱小。

越是优秀的人越易遭人嫉妒，越是弱小的人越易遭人贬低。

嫉妒他人的进步，是自己的思想在退步。

嫉妒拉低了自己的气度，增添了他人的高度。

说嫉妒之心会杀死人，一点也不会令人惊讶。

根治嫉妒需要刮骨疗毒般的勇气。

嫉妒是一种病态，它曾经或正在毁掉多少人的青春才华。

给自己增加筹码，不是出自志向而是出自嫉妒之心。

如果人们一致去赞美某种人伟大的行动时，总会激起某种人的嫉妒之心。

聪明人的一些行为常常遭到他人的嫉妒和打压，愚蠢人的一些行为往往相安无事。

不要用一成不变的眼光看待一个人的进步，不要用嫉妒者的心态去藐视一个人的成就。

不要嫉妒他人过得好，他人过得好，自己也会过得好。

只有嫉妒者才害怕被人嫉妒。

人们往往通过展示其光鲜的一面而掩饰其丑陋的一面。

人们常常出于对脸面的考虑，通过虚张声势的方式以掩饰内心的窘迫。

不要让你的心灵因为嫉妒而生锈，要用宽广的胸怀去擦亮你的心灵，让超过你的人、才华横溢的人，走进你的心灵，成为你的偶像。

奉承

在你热衷于奉承某一个人时，你将承受失去大多数人的风险。

能奉承你的人，也能毁掉你。

吹牛者不要成本，也不需要看行情。

好话要当真话去讲，他人才会信。

奉承不是好的赞美，诋毁是最好的贬低。

对奉承的偏爱，是导致奉承者的队伍充实壮大的一种现象。

如果我们没有对奉承的某种喜好，奉承者就不会找上门来。

如果世上没有被厚待的赞美者，奉承者就不会大行其道。

奉承是一件披着虚假感情的外衣。

为了争得面子，有些人通过奉承有面子的人以乞怜得到面子。

宁愿听到刺耳的厉言，不愿听到奉承的蜜语。

用奉承的方式，去求得他人的好感靠不住。

奉承的话有人视为美酒，批评的话有人视为苦药。

人们往往喜欢不实的奉承者，厌恶真诚的批评者。

放得下，你才能轻松地往前走不分神。放不下，你只能听惯了赞美声再去听批评声，总感觉会有些刺耳。

（六）名利篇

名利

看淡名利，人具有更强的动力。

内观不正，外观徒有虚名。

名利看淡了，你的心事就跑掉了。

实力拥有最终的发言权与生死决定权。

谁拥有话语权，谁将拥有生死决定权。

徒有虚名给人带来的不是莺歌燕舞，而是暮色苍茫。

名人不需要光环，真正需要光环的是那些渴望成为名人的人。

即使名人也有弱小的一面，即使弱小的人也有不可限量的一面。

名山都有气势，名人都有气质。

恭维发生在成名之后，厉言发生在成名之前。

名气是一个人素质的外溢，影响是一个人作为的结果。

名声

重利者看重财富，智者看重名声。

再多的金钱买不来好名声。

将名声看得过重的人，是虚荣心极强的人。

追逐名誉的人，是在追逐自己的不朽。

人们最看重的是面子，最心疼的是金钱。

糟蹋一个人的名声，无疑是在谋害一个人的性命。

那种貌似公正的人，其名声比骑墙派的名声好不了多少。

为了维护自己的名声，人们通过各种方式让自己出类拔萃。

财富

精神富有，比拥有多少财富都富有。

人生最可怕的不是失去自己的财富，而是自己的灵魂。

钱财可以给一个人带来生活的殷实，不一定会带给人生的精彩。

死财富，活人缘。

财产越守越少，家业越守越小。

财富搬得走，人心搬不走。

教训是金钱买不来的财富。

廉价的吆喝不需要本钱。

廉价的买卖赚的是吆喝钱。

忽悠有两种结果：要么骗人感情，要么骗人钱财。

钱多不怕扎手，粮多不怕仓满。

跟他人摆谱，是在跟自己讲价钱。

给人钱财，不如给人知识。

将他人贬低为一钱不值的人，恰恰是自己不值一钱。

钱只有在需要的时候用在需要的地方，才能实现它的最大价值。

有钱的人不露富，无钱的人装财神。

世界上最廉价的是大话，最值钱的是行动。

钱大靠利，钱小靠情。

看重了金钱，看淡了亲朋。

有钱并非就是大王，无钱并非就是乞丐。

用金钱能够解决好的问题，最好不要打人情牌。

把钱看得重的人，把情看得薄；把钱看得薄的人，把情看得重。

金钱可以买来一切，但买不来人的志气。

岁月送走年华，留下的是永不磨灭的记忆和为后代创造的财富。

超过自身的需求是一种多余的财富，超过自身的能量是一种潜能的释放。

在某些人的眼里，只有钱亲，其他的都不亲。在某些人的眼里，只有权重，其他的都不重要。

形式给予你的，实质给予不了；善意给予你的，恶意给予不了；知识给予你的，金钱给予不了。

你要成为财富的奴隶，你就守住财富。你要成为财富的主人，你就须学

思想之门 | 221

会分配使用财富。

年年有余，不应当理解为年年有享用不尽的财富，而应当理解为来年有更多赢得成功的机会，会创造更多的财富供大家分享。

利益

利益的轻重，决定人情的冷暖。

有利的地方都会有人去图谋。

马喜夜草，人贪小利。

有些交往只能视为交易，有些交往只能视为逐利。

人的立场，很多时候是与息息相关的利益站在一起的。

走得远的人不计较眼前利益，走得近的人离不开眼前利益。

当人们热衷于追求眼前的利益时，恰恰痛失了长远的利益。

看好眼前的小利，看不见长远的大利。贪一时之功，在未来的路上半途而废。

利益的推动，不是我们想象得那么简单，而是我们未曾料到的那么复杂。

在言语面前，人们的形象是模糊的。在利益面前，人们的形象是清晰的。

重利的人，在有利可图的时候是一副笑脸，在无利可图的时候是一副冷脸。重情的人，在感情炽烈的时候是一副笑脸，在感情退潮的时候也是一副笑脸。

人们拥有聪明的大脑，智慧的双眼，但人们往往关注一己之利而非众人之利，看到的是眼前的利益非长远的利益。

（七）理智篇

理智

理智在某种程度上比勇气更可贵。

时常发怒无异于慢性自杀，理智是发怒者的减压阀。

没有哪一种情绪能比非理性的情绪，给人生带来灾难性的后果。

良言养颜，铮言养智。

高人总比他人站得高，智者总比他人看得远。

即使伟大的智者，在不实之词面前也束手无策。

算命的瞎子，在瞎子的王国里也算得上是个智者。

掩饰

粉饰自己的人不是在显示自己，准确地说是在遮住自身的丑陋。

护其短其短变得更短，扬其长其长变得更长。

有成绩不自夸是在低调做人。

靓丽无须卖弄，丑陋才会掩饰。

一处长处掩饰一处短处，一处短处损毁全部长处。

缺点

直面自身的缺点，需要足够的勇气。

对缺点的庇护，如同在掩盖自身的伤疤。

脓疮不挑破好不了，缺点找不到病根治不了。

一个人即使将自己的缺点隐藏得很深，但他的言行必会使其缺点暴露无遗。

有些人善于用某种德行去掩饰其小的缺点，目的是为了掩饰其更大的缺点。

通常人们在关注一个人时，不是看重他的优点，而是看重他的缺点。

人们能够感受到自身的缺点对人生的拖累，但对克服自身的缺点往往缺乏信心。

人们通过观察他人身上的一些优点，能够准确地找出自己身上存在的某些缺点。

人们习惯于对他人的缺点评头论足，却鲜有兴趣去欣赏他人的长处。

承认自身的弱点并能战胜之，是人生的进步。庇护自身的弱点并任其发展，是人生的退步。

弱小

做铮铮铁骨的硬汉，不要做弱不禁风的懦夫。

对于幼小的力量，再多的关爱也不为过。

持大不是大，示弱不是弱。

蚂蚁虽然弱小，但能造就山丘。

软弱者被视为欺骗者最先猎获的对象。

舍身救危是一种壮举，扶弱济困同样是一种壮举。

一个人的优势，可能是另一个人的弱点。一个人的弱点，可能是另一个人的优势。

自大者的眼里，众人如同低矮的山丘和弱小的植物，只有他自己才是高山和大树。

（八）人性篇

道德之美亘古不变，向善向上是人性最美丽的一面。

自私

无私的大树上结出的果子是甜蜜的，自私的大树上结出的果子是苦涩的。

自私自利不只是人类的某种专利，在动物身上也时常能够看到它的影子。

自私者难得有一次大方，自大者难得有一次谦虚。

自负

英雄不是被他人打倒，而是被自负所打倒。

自负者的尺子，量不准自身长短。

自负者的慷慨，像是对他人的一种施舍。

对自负的厌恶，不过是某些人肯定自负的一种方式。

自负的人看不到自己的短处，聪明的人善于把自己的短处变为长处。

自负的人在人生途中遇到不可逾越的障碍时，通常不是勇于抗争，而是悄无声息地绕过障碍。

傲慢

多了媚骨，少了傲骨。

再大的房间也容纳不下一个傲慢的人。

偏见是另一种傲慢。

傲慢离败象不远。

丘不以低矮而自卑，地不以博大而傲慢。

一切强势、傲慢和鲁莽的行为，都会在节制的威严面前败下阵来。

懦弱

懦弱的人即使披上一身铠甲，也不是一个勇士。

谷子中难免有稗子，人群中难免有懦弱者。

一个懦弱的男人背后，有一个要强的女人。

势利

势利，让你的思想变浅，人生之路变窄。

势利的人看来头，精明的人看风向。

人太势利了远离真诚，人太清高了缺少朋友。

心眼小的人太过于计较，计较让你原有的优势变成劣势。处于劣势的你，已经没有赢过他人的可能。

懒惰

懒惰是万恶之源。

贪婪是自我毁灭，懒惰是自挫志气。

如果仅仅用财富多少的标准去评价勤奋者与懒惰者的话，其评价的结果常常失之毫厘、差之千里。

吝啬

吝啬之人不论亲疏，慷慨之人不论远近。

吝啬者的账单上从来没有捐赠的记载。

无论从哪个角度讲，吝啬会被人厌恶，慷慨会被人称道。

平庸

平庸者眼里无尊贵。

平庸者担心时间怎么打发，勤奋者常常为时间不够用发愁。

平庸走进殿堂也变得神圣起来。

智者走过去留下传奇，平庸者走过去没有痕迹。

家国之情

（一）亲情篇

亲情

感情让人记住亲情，原则让人记住规矩。

亲情债可以欠，人情债拖不起。

亲友结仇比仇人还仇。

父母铺成的路，让孩子没得选择。

天底下还有比不赡养父母更缺德的吗？

很难想象，一个对父母不孝顺的人，会对他人友善。

没有能力去分担父母的辛酸，是做儿女一生的愧疚。

父母对孩子的教育和保护，除了亲情外，更多的是一种责任。

回报父母最好的礼物，是儿女成熟的人生。

母亲，这个伟大而崇高的名字，像黄河长江一样，时刻在炎黄儿女的心头激荡着、回想着。

所谓的"亲戚"，是指那些超过五代血亲、超越地域空间、越过多个层级、需要接济的人。

家庭

家是一个收心的地方，又是一个重新开始的地方。

年的味道红火一时，家的味道四季芳香。

家无论对人类或者是动物来说，都是一个神圣的地方。

不是家的地方并非久留之地。

长辈对晚辈的担心是一种责任，晚辈对长辈的担心是一种孝道。

对于父母来说，孩子的翅膀硬了，不应当是一种失落，而应当看成是一种超脱。

一个家庭的幸福标准，不是以其财富多少、子孙满堂为标准，而是以家庭的和睦为标准。

（二）爱情篇

爱情

1

你在的地方，是我最向往到达的远方。

爱情需要品尝后才知道其中的滋味。

如果爱情不是火热的，那就不是爱情。

厮守是最短的距离，最长的陪护。

偏爱是一种独享。

爱的所得是付出。

心中有你，不在乎远近。

宠你是爱，恨你也是爱。

好感是开花，认可才结果。

邂逅是两颗心的不期而遇。

单相思之树只开花不结果。

爱在心上远比爱在嘴上牢靠。

2

爱的能量传递没有时空的距离。

情到浓时恋人，话到真时服众。

花到浓时炫目，爱到浓处醉人。

爱恋着鲜花，却嗅不到花的芬芳。

我不能拥有你，是否可以注视你？

永恒的爱情深深扎根于忠贞的土壤里。

动心的并非是金钱，动情的并非是爱情。

思念像闪电般霎时勾起心中尘封的记忆。

喜欢一个人简单，爱上一个人需要时间。

任性和自私，常常让爱偏离正确的轨道。

爱上一个人是一种缘分，也是一种责任。

被爱融化的是感情，被心融化的是动力。

爱并非来自你的感受，而是来自你的陪伴。

若将爱情看得吝啬，不必纠结它的离合。

心不在我，你心中的那个我已另有其人。

爱你是一个人，恨你也有可能是同一个人。

印象只是握手，了解更像是正式恋爱。

情到浓处不能自已，人到顺时忘乎所以。

3

挚爱者的触角深透进被爱者的每一个细胞。

不用言语去表达,你的沉默就是最好的回答。

无论身在何处,只要心中有你,就不会寂寞。

为爱默默地付出,是我一生做过的最好傻事。

与爱慕的人错过了,爱情就成了他人盘中的菜。

忘记或许是最好的道别,回忆或许是最好的珍重。

一个不懂得爱他人的人,同样不值得他人去爱。

爱情是一盏灯,在黑夜里照亮了两颗孤独的心。

爱在心中永驻,恰似春天的味道让你细细品尝。

爱不是人对人的施舍,爱是两个人的共同拥有。

喜欢一个人是一回事,爱上一个人则是另一回事。

人生最大的错误,是与一个自己不喜欢的人生活在一起。

行由心生,爱恨由情系。行随言出,情随缘分走。

是你的温情脉脉,在我的内心深处留下滚烫的诺言。

想见你总能找到你,不想见你回避成了最好的选择。

爱上一个人并不难,将心交予其人则是另一回事。

4

爱从来不是空泛的，它通过每一个细节来展示爱的能量。

有些女人可以得到男人的爱，却鲜有得到男人的心。

心已上锁，只有用心的钥匙才能打开它紧闭的大门。

雨到骤时方看出雨的泼辣，情到浓时方感受情的魅力。

与你白头偕老的人，有时候并非是曾经海誓山盟的人。

心中有你，无论天涯海角。心中无你，不论处在远近。

爱在你心中，不要到云雾中去寻找那根本不存在的东西。

很难想象，只将人生幸福定格在与倾心的人邂逅是明智的。

走不进一个人的感情深处，就不能说已经走进这个人的心里。

在情人眼里，缺点成为美德。

心中有你再远的距离不是问题，心中无你再近也十分遥远。

影子在眼前飘来飘去，分不清是真实的你还是虚假的你。

喜欢你并不是觉得你有多么可爱，而是觉得你与众不同。

5

喜欢与爱上一个人是两码事，看好与信任一个人是两码事。

爱情没有你想象的那么美好，但一定会发生意想不到的结果。

喜欢你只是感情迈出的一小步，爱上你是感情迈出的一大步。

何谓"陋室"？不过是远离风花雪月、爱恨情仇的栖身之所。

你只是从我眼前飘落的一片黄叶，而不是我所期待的一朵玫瑰。

真情即使不公开表露，与之相处的人也会感受到它的温情脉脉。

时间给你的，机会同样也会给你。感情给予你的，爱情才会属于你。

爱可以驱使你去做一切事情，但爱阻挡不了你去做不该做的事情。

真正关心你的人不一定领情，而某些口蜜腹剑的人恰恰是你的至爱。

能陪你走过春夏秋冬的人，岂是你心中那个海誓山盟的盟约可比？

爱的方式或有所不同，但爱的目的只有一个，让被爱的人享受爱的滋润。

爱情是两个相互兼容的城堡，自由走进去，自由走出来。

不对你说爱的人，并非没有爱。只是他将爱深深地藏在心底，不说出口而已。

有些话还是不挑明的好，让两个人心里都装上彼此的秘密，这会留下思念的余地。

感情这精灵有时候来得让人措手不及，在你尚未察觉的时候，它已经走进了你的心里。

6

过去曾经认为，爱情是美好的、纯洁的，现在才知道爱情远比我们想象的要复杂纠结。

当不知道为什么去爱一个人的时候，爱情的纯洁性将为它打上一个大大的问号。

爱与被爱都不是最重要的，最重要的是心中拥有一个人，那个人是你生命的一部分。

这个世界上，爱人的人像大海，害人的人像杂草。大海宽阔无边，杂草损害花园的生态。

如果你懂得爱人，并且执着地奉献爱，实际上，你终将得到的爱不亚于你所付出的爱。

有人的确很傻，在不该爱的时候不顾一切地去爱一个人。在不该恨的时候刻骨铭心地去恨一个人。最后，自己成了孤家寡人。

假如遂你心愿，我愿将自己的心交与你。假如你果真需要，我不惜献出自己的一切（包括生命）。

非我所爱，即使从身边走过，我会无动于衷。是我所爱，即使远隔万水千山，自会不顾一切追寻而去。

当有感的人走进你的生命，你未感觉到他的存在。当无感的人走进你的生活，你却做出顶礼膜拜的举动。

总有那么一个人根植于自己的骨髓里，让自己时时去触摸。总有一些往事像时光的流水，在心头不时淌过。

用一生的情去记住一个人，有时候却因为一句不适宜的话语，一个不经意的行为，一件微不足道的小事，却将他忘掉。

婚姻

爱情怕短路，婚姻怕触礁。

花前月下爱的承诺，最终要用婚姻来诠释。

婚姻的美丽之处，不是两个人的般配，而是两个人的长久和谐。

过得好，就长久。过不好，就分手。谁不欠谁的，谁不还谁的。

一个婚姻幸福的人，在于其找对了一个愿意与他终身相守的人。

有些事情经过努力并不能够改变，比如爱情。有些事情经过努力改变了并不能够复原，比如婚姻。

（三）友情篇

友情

人间有大爱，远行有亲朋。

感情有亲疏，友谊无距离。

友谊比老酒醇香，朋友比金钱贵重。

只有利益而无感情建立起来的友谊不会长久。

相互欣赏，友谊才能地久天长。

信任是朋友之间架起的一座桥梁。

水深了养不好鱼，心深了交不了朋友。

朋友有时候可以选择，有时候只能遇见。

珍视一个人的友谊比获取一个人的友谊更为重要。

找对了人，就找准了朋友；找对了路，就找准了方向。

我愿意将自己用人生精华酿造的佳酿，与朋友一起分享。

友谊，是春天的花草，夏天的绿荫，秋天的果实，冬天的暖阳。

朋友最能给予你真实的话语、真实的情感。是在你最困难的时候最先伸出援手的人。

不要将朋友的援手视为理所当然，正确的态度是，在朋友需要帮助的时候以双倍的付出返还。

真正的朋友，不是整日守在你的身边，不是对你百般呵护，而是在最需要的时候来到你的身边，在最困难的时候为你雪中送炭。

甜蜜回忆是在一次次重温与亲友的邂逅。

友情给予的，爱情给予不了。爱情给予的，友情给予不了。

世故远离朋友，圆滑远离真诚。

反目后的朋友比敌人还可怕。

越是顾情面，越是撕不开情面。

与亲人算亲情账，与朋友算往来账。

对朋友心里不设防，对敌人心里筑高墙。

与缺乏良知的人做朋友，无异是在与狼为伍。

计较的结果将朋友变对手，宽容的结果将对手变朋友。

无情是利刃能置对手于死地，好话是暖阳能化解朋友心中的冰霜。

心若是离一个人远了，再好的友谊，再炽烈的情感，都不会长久。

人性多变。此前，我是他的朋友；此后，我成了他的对手；从此后，我变成了他的仇人。

亲密的朋友，不用将话挑明就会认同。陌生的人，即便说得天花乱坠，不会令其信服。

与爱钱的人交朋友，你可能会钻到钱眼里；与有上进心的人交朋友，你可能会收获不一样的人生。

有些人不适合做你的朋友，但可以成为生意中的伙伴。有些人可以成为生活中的朋友，还可以成为人生中的良师益友。

感情

天底下没有免费的午餐，也没有免费的感情。

感情得到的，金钱买不到。

债可赊，情不可赊。

物品可以更换，感情不可替代。

缘分可遇不可求，感情可热不可冷。

感情的天平，哪一头重会往哪一头倾斜。

对一个人依赖越深，对其感情越容易疏离。

感情需要多添些柴火让其保持一定的温度。

感情这东西，说深也深，说浅也浅。深的时候探不到底，浅的时候一眼看穿。

接纳一个人的感情是一种缘分，拒绝一个人的感情是缘分还在路上。

（四）人文篇

人文

原创是没有添加佐料的菜肴。

思辨的民族必定是思变的民族。

人们在自己的史书里，每日诠释着喜怒哀乐。

在一个自由的国度里，规则起着至关重要的作用。

维系古老传统，如同在捍卫一个民族的尊严。

国家怕折腾，家庭怕变故，人生怕纠结。

人气是从政者的晴雨表。

恋权者最放不下的是身段。

乱世出忠良，盛世出楷模。

特质是名人身上闪光的东西。

求新求变是时代前进的动力源泉。

无辜的蒙冤者，请相信会有伟大的圣者为你申冤。

沾上帝王身上的尘土，傻瓜看起来也似乎变得高贵了。

历史留下的每一个精彩的瞬间，让无数后来者顶礼膜拜。

名人的故事成青史，俗人的故事成为某些人的"下酒菜"。

通往民主的大门与通往自由的大门，通常只需要一把钥匙。

父母眼里每个儿女都是可爱的，国家眼里每个人才都是宝贵的。

置身于时代变化中的人们，更能深刻触碰到时代脉搏每一次的跳动。

只有拥有天时、地利、人和优势的人，才能够在社会的大潮中呼风唤雨。

英雄辈出的时代也只有少数人会成为英雄，大多数人是默默无闻的平凡人。

人出名说出来的话语往往都被视为经典，平凡的人富有哲理的话语往往自生自灭。

一个伟大的变革发生在一个伟大的时代，一个伟大的时代孕育着无数伟大的变革。

历史捉弄人的时候，人还有翻盘的时候。人捉弄人的时候，人根本没有翻盘的机会。

好在历史是人写成的，这句话不假。但不可否认，某些人在撰写历史的过程中也乘机塞进自己的私货，以误导后来者。

教育

教育是一个塑造人生荣光的路径。

不要用旧时代的外衣去包裹新时代的孩子。

孩子远行，父母做足了功课。

孩子的起跑线，父母心中的一道关隘。

下级有错上级有责，孩子有错父母有责。

孩子的天地父母给不了，只有靠孩子自己去努力创造。

教育的目的在于启迪人的心灵，为人生指出一条光明的路。

教育好孩子多半是妈妈的责任，经营好家庭多半是爸爸的责任。

文化

文短意不浅。

文化是最具价值的财富。

文学的价值在于引领一个民族的灵魂。

没有文化的人可能是个好人，但不是个优秀的人。

文明

文明是德行的最高表现。

助纣为虐，是对自己心灵的践踏。

文明的自觉非形象的展示，而是内涵的积淀。

一个谦谦君子必定是一个践行文明的楷模。

作家、诗人是在用他们的良知劳作，工人、农民是在用他们的汗水劳作，政治家是在用他们的智慧劳作。

艺术

好戏还得有人捧。

缺少垫场，戏剧的高潮就凸现不出来。

好看的大戏里面总会找到某些独具匠心的角色。

故事的精彩场景，少不了巧合的因子来捧场。

行头是艺人的外观，要知内观只能从其演艺中去寻找。

艺术是相通的，只要你能够走进它的大门，再进入其院落就不难。

通过人的思维加工，一些不甚完美的事物被精致地展现在人们的面前。

（五）自然篇

江河

一叶知秋，一溪知江河。

小溪盈盈，江河看涨。

小溪的流淌关乎着江河的奔流。

你钟爱的地方，就是你心中的王国。

你陶醉的地方，就是你的天堂。

源头的汩汩溪流滋润了一江奔流。

风是在追逐山野，还是在追逐江河？

高峰的根在低丘，江河的源在溪流。

江河里行驶的都是守规则的船只。

高山挺拔才峻峭，江河回肠才奔放。

喧嚣的江河应当感谢小溪的助力。

一座礁石有可能改变一条大河的走向。

小溪絮语并不能被视为对江河的缄默。

一条小溪的不洁污染了一江水流。

波涛是浪花的梦想，大海是江河的梦想。

奔腾的江河不曾回头向它的源头道谢。

码头是船舶停靠的地方，也是再出发的地方。

波澜造就了江河的气势，静美是小溪的写真。

伟大成长于渺小之中，江河得益于涓涓细流。

奔腾的江流让微小的水珠感觉不到自身的存在。

雨过去了风会飘过来，浪退去了江水自在奔流。

江河溯源不忘小溪辛劳，高峰耸立感念山丘铺垫。

弄懂了小溪的低吟，也就理解了江河的奔腾咆哮。

大海是江河追逐的梦想，天空是飞鸟翱翔的王国。

河流夸耀地对小溪说，我的奔流来自自身的成就。

在江河暴涨的时候，有谁听得见小溪的喃喃细语呢？

宁愿做一条默默无闻的小溪，不愿去做一条喧嚣的江河。

看到的只是闪光的江河，看不到的则是江河下面的潜流涌动。

我不是天空飘落人间的一片碎屑，我是江河奔腾浪花中的一滴水。

水塘的眼光比不过湖水的眼光宽广，湖水的眼光比不过江河的眼光博大，江河的眼光比不过海洋的眼光深邃。

假如江河没有江水澎湃、波涛汹涌，那不叫江河，充其量是一条河沟。假如人生没有起伏不平、精彩迭宕，那不叫人生，充其量是来到人间无声无息走了一遭。

如歌如诉的汉江水，在奔腾的浪花中抒发对未来的憧憬。

雾裹着风雨呼号不止，汉江的怒涛咆哮着奏响这暮色中的雄壮乐章。

晚霞向大地做最后的告别，凝重的暮色锁定汉江的夜空。透过汹涌澎湃的声响我感受到汉江奔腾的力量。

沟渠向大河夸耀它的奔放，小丘向高山夸耀它的绵长，沐着这和风细雨，我看见汉江温顺得像一位腼腆的少女。

从秦岭飘过来的风，在三千里汉江的上空编织成厚厚的云地毯，紧接着洒下久违的甘露，大地的渴望得到满足，汉江的热情一路高涨。

真武寺的钟声掠过古城的上空，一队受惊的信鸽向岘山飞去，蓝天白云下千年的城楼庄严凝重，汉江从古城脚下奔流着千年的眷念与依依不舍之情。

夜深人静，古城失去了白日的喧哗。汉江奔流的浪花击打声，清晰地传到梦中的耳畔。梦中的我似乎在与奔流的汉江浪花一齐起舞，冥冥中我感受到江流奔放的巨大力量。

看见清澈的汉江我就有种莫名的激动。我为汉江的厚重文化自豪，我为汉江的波澜不惊折服，我为汉江的绿色怡人膜拜。如果说黄河是一位壮汉粗犷雄悍，长江是一位大妈慈祥宽厚，那么汉江就是一位亭亭玉立的少女清纯靓丽稚嫩可人。

山水养人也增智。

山无峰不险，江无浪低沉。

山靠山高一截，人靠人矮一截。

峡谷为山峰埋下伏笔。

人挤人拥挤，山挤山有势。

源头不洁，难保一江水的清澈。

哪里的山水都养人，哪里的故土都念旧。

山清秀不在高耸，水有势在于湍流。

山峰就是站在小丘的肩臂上长大的巨人。

走到半山腰不要止步，山顶的风景会更好。

不登上山顶，你就不知道那里的景色有多美。

低矮的山丘无人注视，高耸的山峰万人仰目。

故乡

故乡是一个可以荣归故里的地方，也是一个放飞梦想的地方。

出门口音是第一印象，出国面孔是第一印象。

家乡的味道可以重温，小时候的味道难以重新找回。

乡音使素昧平生的人情感连在一起，爱好使素未谋面的人心灵碰撞在一起。

从摇篮里长大的人，常常忘记摇篮的时光；离开故乡的人，常常念念不忘故乡的山水草木。

风俗是一个地方的文化精致之所在。

方言百里不同，习俗十里有别。

凡是有乡贤的地方，社会民风格外地淳朴。

小城与大城的不同之处是：少了喧嚣，多了宁静。

了解一个地方的文明程度,首先看一个地方人们的谈吐。

一个地方的名气,是用名人手中的笔和众人的口碑传播开来的。

认识一个地方,不用先去看它的繁华程度而是先去认识它的风俗。

风景

最好的风景不是在眼前而是在人生的旅途中。

不要害怕孤独。其实,孤独之处也有不错的风景。

行进的队伍走远了,落在后面的都是留恋风景的人。

如果你只驻足眼前的风景,你将看不到前方的精彩世界。

下坡省力,但走起来没劲。上坡虽费劲,但前面有风景。

真希望人生如一辆马车,能够载着我去很远的地方,看许多的风景。

驻足在旁边观景的都是清醒者,迷失在景物之中的往往是沉醉者。

虫子喜爱潮湿的地方,动物喜爱有青草有水源的地方,人喜欢有风景的地方。

他人眼里的好风景,在自己眼里并非是好风景。自己口中的好味道,在他人口中并非是好味道。

田园

做一个山水的感知者,而非做一个匆匆过客。

露从昨日白,月从今夜圆。

是蓓蕾早晚会绽放，是青松自会傲霜雪。

遵循自然天遂人愿，违背自然天灾不断。

昨夜一场春雨，让大地上的千百种植物挂满了喜悦的泪花。

月亮的秘密藏不住，因为月亮将整个心霏敞露给了大地。

月亮给大地投送微笑，太阳给万物赋予无穷的能量。

燕子将巢筑在主人家的房梁上，它是将主人的家视为自己的家。

夜莺喜欢在寂静的夜间歌唱，孔雀喜欢在赞扬声中亮羽。

有人说道，开花必结果。但有些植物并非开花都结果，比如铁树。

栽花的人常常是那些对花情有独钟的人，采花的常常是那些独享芬芳的人。

美景是供众人欣赏的，煞风景的人不仅破坏了美景，也使自己的形象受损。

小草是弱小的，正是弱小的草及它的伙伴扮靓了这生机盎然的大地。

小草不要轻视自身的力量，这装扮大地的绿色，其中也有你的一份功劳。

绿叶也是有感情的，你给它雨露，它热泪盈眶；你给它和风，它随之起舞。

树叶在微风中窃窃私语，叙说着春光带来的愉悦。

枝叶如伞，身躯如塔，树轮记载着它的苍老，枝丫伸向遥远的天穹。

荷池里残枝败叶，萧杀的寒风卷走了春意，可它的根深深地扎在淤泥里。

没有涓涓细流哪有江河的奔腾，没有低矮山丘哪有险峻的高峰。

小溪一路欢歌奔向江河、湖泊，从不知道什么叫挫折、悲哀和痛苦。

春天的田野里既有艳丽的鲜花，又生长着旺盛的野草，但鲜花比野草更为耀眼。

广袤的大地上，最为抢眼的不是那一望无际的绿色植被，而是点缀在绿色植被间的繁花朵朵。

风儿静了，水儿缓了，山峦若隐若现，人生之弦拨响了高亢的时代之曲，惊艳暮色苍茫的大地。

平淡生活的田野里生长着旺盛青草，盛开着艳丽花朵，弥漫着清新空气，这是一个修身养性的宝地。

喧嚣的世界别惊醒了我的美梦，让美梦带我去周游列国吧。我不知道美梦会把自己带到哪里，但我猜想美梦一定会知道自己的心思，一定会带我去一个自己最想去的地方——一个充满阳光，四季如春，鲜花遍地，绿树成荫，河水清澈见底，鱼儿自在遨游，鸟儿欢欣歌唱……一个比神话传说中的自由王国还要美丽的天堂！

当万物还在沉睡，寒风还在肆虐的时候，柳树点绿了枝头，随风摇曳播撒着浓浓的春意，给大地增添了无限生机。在尚未苏醒的万物中柳树鹤立鸡群与众不同，可以说柳树是绿色生命的先行者。有水的地方总会有柳树的身影，有柳树的地方总会看到恋人的身影。这如同鱼离不开水一样，柳树习惯逐水而居。有水有柳树的地方也成了恋人的最爱。

春天到了，桃花杏花如约而至。红红的、紫紫的、白白的、黄黄的花朵宛如天上的彩霞惊艳大地。桃园里，杏园里游人如织，欢声笑语不绝于耳。人们尽情享受这大好春光，享受这花的芬芳。花儿总给人美的联想。青春年少被喻为花样年华，幸福生活被喻为如花儿一般美好，事业顺利被喻为如花儿一样火红，人生被喻为如花儿一般美妙。人生美妙有衰老的时候，花儿艳丽也有凋谢的时候。人们希望桃花杏花的花期不要太短，多保留一段时间，最好不要凋谢。但花有花的生长规律，如同人的生长规律一样。所以在桃红杏红的时节，人们要尽情享受花的清香，花的艳丽，花的芬芳。别让花儿凋谢了再去留念，后悔可就来不及了。

喃喃细语，叽叽喳喳，咕咕啁啾。在花丛中，在绿树间，鸟儿不停地穿梭，不停地上飞下跳，不停地歌唱。除了憩息时有片刻的宁静外，鸟儿一天到晚总是一副乐呵呵的俊俏模样。鸟儿对生活的热爱，对大自然的钟情溢于言表。人有喜怒哀乐，鸟也有悲欢离合。当鸟的同类死亡或者脱离鸟群时，除了发出几声哀号鸣叫或者形单影只有些孤单，但鸟儿并不悲哀，并不一筹莫展、一蹶不振，而是展翅飞向前方，寻找生的希望，寻找脱离的鸟群，寻找新的未来。

从裸露的枝条到缀满绿黄色的叶片，柳树在万树丛中最先华丽转身让人们领略春天的气息。此时已是三月中旬，春暖花开，风和日丽。当人们从柳树下穿过时，只见柳絮似雪绒花般纷纷扬扬，飘落四周。像是给大地铺上了一张白色的床单，又像是给柳树下的植物撑起一把白色的太阳伞。人们不愿多想柳絮飘洒得是不是时候，飞扬的方式是否文明（因为柳絮随风起舞四处飘荡，影响卫生，妨碍人的呼吸和视线，令人不胜其烦），但柳絮的飘落是其生命轮回的一个延伸，如同人类生命的一个阶段不能逾越。春色匆匆，柳絮在为春天送别也在为柳树的生命延伸。

"咕咕咕，咕咕咕"，清晨，布谷鸟的啼叫在城市的上空传扬。此时，正值春寒料峭，人们穿着厚厚的冬衣，树木尚未换上绿装，草地还是一片枯黄，鸟儿的同类还不知道在哪儿猫冬。布谷鸟早早到来令人惊奇。按常理，布谷鸟不应该来得这么早，它应该还在遥远的地方和它的同类住在一起，等待春的来临。它这么早来到春天尚未到来的地方，是不是打破了鸟儿的生活规律，是不是春在召唤它，它为春动心了么？布谷鸟应该知道，它的一声啼叫让万物从沉睡中苏醒提前走进了春天。啊！布谷鸟叫了，自然界的万物苏醒了，人们从沉睡中苏醒了，春复苏了，春天真的就要到来了！

人们尚在享受刚刚到来的春日暖阳和浸透着鲜花芬芳的空气里，夏日骄阳的脚步越来越近了。此时中午已感受到阳光有一股子火辣辣的味道。气候的变化太快了！春天好像舞台上的折子戏走了一个过场，四季分明的气候特征已成过去，春天和冬天成了匆匆过客，漫长的夏天和秋天成了气候的主旋律。气候的反复无常让人们不得不思考这样一个问题：无序气候皆因人类的生活方式导致，人类是时候该好好管束自己的生活方式了。

牡丹花美艳无比，是花中之王，称为国花。芍药花艳丽大气，但挤不进名花之列。如果把芍药花与牡丹花排列在一起，在不懂花的人的眼里还真分不出伯仲。牡丹花因其雍容华贵大红大紫名声在外，受到追捧。芍药花鲜艳美丽但默默无闻，无人问津。

七月的玫瑰花开得火红，牵牛花去哪里了？我四处搜寻没有发现。啊，想起来了，牵牛花生在田埂上，与藤蔓缠在一起。红红的、黄黄的、白白的、蓝蓝的、灰灰的小花，模样又俊俏又朴实，在青青藤蔓碎叶片儿的簇拥下虽不显眼却怡然大方清香迷人。

寂静的夜晚，小鸟停止了歌唱在树枝上静静地躺着歇息，一些不知名的虫子在寂静的黑夜里鸣叫着，给长长的黑夜增添了喧嚣。鸟儿听到了喧嚣无动于衷依然憩息着。虫子好像在说，白天属于鸟儿的世界，夜晚是我的舞台，我要表演好孤芳自赏。在虫子喧嚣的此时，另一个尤物并未闲着。叫春的猫儿不怕惊扰人们的睡梦为传宗接代显得急不可耐，呼叫着四处游荡寻找交配的伙伴。生命呵，即使弱小，即使卑微也要通过各种方式显示自己的存在，显示生命的张力。

轻轻的风怕惊动了寂静的夜，寂静的夜怕惊醒了沉醉的梦。夜空是否星星缀满，月亮是否月洒如银。鸟儿是否入睡了，听不到它的歌声。虫子是否蛰伏着，听不到它的聒噪。花儿是否入眠，不见它的艳丽。树木是否困顿，不见它的摇曳。鱼儿是否睡卧江底，不见浮现的涟漪。此刻，人们在享受梦境的甜蜜，苍天在注视着万物的一举一动。

寒风中，农民房前屋后的柿树上，成熟的柿子如耀眼的灯笼，一串串一排排甚是红艳。饥荒年代柿子可是农民的救命食物，如今农民生活富足了，柿子不再仅是农民的果腹之物，而且有观赏的价值。柿子的价值是小了还是大了？农民心里应该比谁都有数。

岁月之歌

（一）生命篇

生命

事物来去有它的路径，生命的生与死有它的归宿。

生命的意义在于创造人生的未来，而不是让生命随波逐流。

泥泞的路，踩在脚下的不止是泥巴，而是生命与泥土的胶着。

生命之花只有在人生的风雨中经受敲打，才会绽放得鲜艳夺目。

人生无所追求，生命淡而无色。

生命潜能往往十倍于自身的负荷。

最弱小的生命，也有自己的追求。

弱小的植物往往具有很强的生命力。

真实如同生命，虚假如同失去生命。

生命无光泽不健康，思想无光泽不闪亮。

生命每日以它崭新的面貌去迎接新的明天。

生命中的一鸿一爪，可是生命的负重之所在。

给予我生命的是父母，给予我思想和智慧的是再生父母。

生命的存在都是有价值的，不论人类、动物、植物或者微生物。

对生命的敬畏，不是去表现得大智若愚，而是表现得谨小慎微。

不懂敬畏生命的人，大难临头尚且不知。

拿生命做赌注的人，是在贬低生命的价值。

生命的词典里，没有懦弱两个字。

迷失心智是作贱生命的开始。

上苍对每条生命都寄予了厚望。

路与路似曾相识，命与命没有贵贱。

没有一个人的性格是雷同的。差异存在于每一个生命中，存在于每一件事物之中。

时间是生命的老人。做不到让人生永葆青春，但至少可以做到心态永远年轻。

阳光

阳光是打开心结的钥匙。

心中有春天，一年四季鲜花都绽放。心中有阳光，三百六十五天都温暖。

心里有阳光，给人以温暖。心里有阴影，给人以寒战。

即使你生活在阳光的照耀之下，你的内心也未必是阳光的。

即使心中装着太阳，也会有阴影在心里的某个地方出现。

但愿人间的温暖不会被看淡，但愿自己为他人的担忧不是多余。

走不出阴影，你可能永远见不到阳光。

不在低处看不到高处的危险，不在暗处不懂得阳光的可贵。

人的内心有两个日子并存：一个是阳光灿烂的日子，一个是阴雨连绵的日子。

健康

1

健康是财富，也是尊严。

规律的生活是身体健康的良药。

美丽是一时的守望，健康是一生的守望。

做个健康整洁人的前提是：自身无不良嗜好。

身板软挑不得千斤担。

没有强有力的肩臂，难挑千斤重担。

身体的苍老，只能证明你身体的生长超过了年龄的生长。

能够管住自己口的人最厉害，能够控制欲望的人最强大。

只有高明的医生，才懂得对自己的病人开出合适的处方。

医生是伟大的职业，一个合格的医生不仅能够治疗生理上的疾病，而且能够治疗心理上的疾病。

健康是篇大文章，要用健康的意识去书写。健康意识好的人，写出来的文章生动翔实。健康意识差的人，写出来的文章无病呻吟。

爱美是每个人的权利。

最美丽的也是最本真的。

印象的刹那留不住永恒的美。

最火热的生活，最亮丽的人生。

生活需要用自己的心去扮靓它。

鲜花虽好无缘长久。

带刺的玫瑰分外艳丽。

花在雾中，笑看人从容。

有心岁岁美，无心百岁空。

2

美丽的感觉是从心底开启的。

凡是美好的东西都值得去呵护。

美不是比出来的，是让人欣赏出来的。

美貌像一道流动的彩虹，让人赏心悦目。

时光绽放青春之花，岁月沉淀人生精华。

美不是时髦，不是去炫耀，而是真实、自然。

美会留下一些空间，那是为博大和优雅准备的。

爱美人的心灵深处驻有一间四季盛开鲜花的花房。

美好的东西要么给人视觉的冲击，要么给人感性的享受。

美丽的妆容不仅仅是外观漂亮，重要的是生活更为精致。

会生活的人生活美艳，不会生活的人频添烦恼。

过度追求一种美，无疑是在助长一种丑行的发生。

最倚重的往往是最失望的，最忽视的往往是最亮丽的。

女人不是美丽了才可爱，而是可爱了才美丽。

美需要欣赏，不需要溺爱。

3

徒有其表的美丽不值得欣赏。

忌妒与美丽是不会握手言和的。

原真的美是一种没有添加的美。

蓓蕾比鲜花更能感知绽放的滋味。

美丽的诺言总给人留下想象的空间。

不能回荡在心灵的曲子不是好曲调。

粉饰之美不可久长，朴素之美绵绵悠长。

丑的东西见多了不怪，美的东西见多了平淡。

美不仅仅在你的眼睛里，且渗透进你的内心。

女人都是水的性格，因为女人的柔性美是特有的。

美貌是一种资产，如果管理不善有可能变成负资产。

人世间不缺少美的存在，而是缺少对美的发现和欣赏。

对于生活来讲，重要的不是去发现美而是在于欣赏美。

4

性感是美的另一种解读，妖艳则是对美的曲解。

扮相美不是真正的美，朴素的美才是真实的美。

美在自然，真实美是一种境界，粉饰美又是一种境界。

对粗俗的嘲讽，是对美丽的捧场。

粉饰的花朵虽然鲜艳但不芬芳。

鲜花最美的时候不是在盛开时，而是在被欣赏时。

有时靓是为了美，有时靓是为了遮住丑。

好的东西并非洁白无瑕，美的东西并非四季芳香。

风头正旺的时候，耀眼的是那些追赶时髦的人。

衣着光鲜的人，其行为并非是光鲜的。衣着朴素的，其行为常常是亮丽的。

为追逐美丽而付出沉重代价，有人认为物有所值，有人认为是一种愚蠢的行为，你该赞赏哪一种说法呢？

完美离我们十分遥远，虽然我们不停地朝这个方向努力奔走，至于什么时间到终点接近完美，我们谁也说不准。

将美貌与智慧集于一身，反而使这个女人与某些女人之间自然地形成了一条鸿沟。

那种善于向他人展示美的人，其身后的陋习被人忽略不计，而那种不善于向他人展示美的人，其身后的陋习被人抓住不放。

住过的地方，就像你曾经熟悉过的一个女人，你总在想她的美貌，想她的温柔，想她给你带来快乐的一切。你不时有一种想回到她身边的冲动。

我原以为，美是两个生命的结合。后来我知道，灵魂与身体的紧紧拥抱，大地与山川的秀色，蓝天与碧水的契合，青翠欲滴的绿树与绽放的鲜花，也是一种美。美是一种存在，是一种心灵最好的感受。

青春

生命绽放在最美丽的青春时刻。

青春失色，终生一劫。

青春不可赌，幸福等不来。

青春靓丽是一种美，人生本色也是一种美。

青春绽放出的人生之花，最为艳丽、最为芬芳。

生命的律动总是伴随着青春的躁动而活力四射。

没有疯狂的青春，就不是一个完整的人生。

浮躁磨光了青春的锐气，让人生的美景变得十分遥远。

人们渴望保持青春的活力，可人们又不得不面对苍老和岁月的流逝。

有些人走着走着将青春弄丢了，有些人走着走着将生命重新找了回来。

上司的癖好，成为下属的时尚。

老套的俗语穿上时代的新衣风行一时。

风在旺头,时尚和尘埃人各有所爱。

时髦的口号不如一个小小的行动。

那些不懂音乐的人,不会去感受舞蹈的节奏感。

清纯是少女独有的气质,任何模仿或扮嫩都是弄巧成拙。

一个好的创意,不只是在提高商品的品质,而是在引领时代的潮流。

对某些人来说穿衣是一种时尚,对某种人来说穿衣只是一种习惯。

品位

品位是一个人的自画像。

端庄是女人的原真。

清茶醇过美酒。

天地默契,四季有韵。

女人的端庄堪比美丽。

女人漂亮是一种美丽,端庄也是一种美丽。

对事物的好恶态度,取决于人生的品位。

外表为你的形象加分,里子为你的素质添彩。

丑陋的人热衷于打扮,漂亮的人真实自然。

气质决定人生的气势。

气质是人生最好的形象。

低俗找噱头，高雅求品位。

要爱，就爱出自己独有的品位。

人的内涵决定其人生品位的高低。

衣装是一个人的外表，品性是一个人的内涵。

好看的并非都是鲜花，耐看的并非都是美人。

花不是越艳丽越好看，而是美得恰到好处才耐看。

美貌是一笔资产，维护它可以升值，炫耀它会贬值。

高雅并不是每个人都可以走近它，低俗可是每个人都要面对。

会赏花的人嗅到花的芬芳，不会赏花的人只看到花的海洋。

会欣赏的人，不是看好某个女人的漂亮，而是看好某个女人的可爱。

人们追求漂亮的形象，并非在意生活品位，而是在意自己在他人心目中的形象。

被人羞辱而不动怒，这就是涵养吧。

美貌是会贬值的财产，涵养是久存的佳酿。

上进心由热变冷时，人的品位也随之下降。

塑造形象是一辈子的事，毁损形象是瞬间的事。

德行为自己的形象加分，恶行为自己的形象减分。

一只耗子的陋行损害了动物的形象，一个人的陋习损害了自身的形象。

一滴水可以反射太阳的光辉，一句话、一个行为，反射出一个人的素质。

（二）幸福篇

幸福

幸福源自一颗知足平淡的心。

幸福始于人生每一个小小的满足。

知足者幸福。

幸福就意味着拥有。

幸福的秘诀就在自己的脚下。

幸福只有从自己的嘴里说出来，才是真实可信的。

幸福不是靠他人的恩赐，而是靠自己的双手去创造。

对幸福的真正拥有，不在于你拥有多少财富，而在于每天生活在快乐之中。

幸福是什么？幸福就是自己最享受的人生。

财富靠守守不住，幸福靠等等不来。

财富并不代表幸福，而幸福的人内心一定充满着富足。

人们总在幻想，幸福的果实是他人馈赠的。

给你幸福的人，也是给你痛苦的人。

有人以知足为幸福，有人以感知为幸福，有人以可期盼的未来为幸福。

只为自己活着活得枯燥无味，能为他人活着活得幸福绵长。

将自己的幸福建立在他人幸福之上的幸福，那不叫幸福，而是在掠夺他人的幸福。

期望值高的事，得到的结果微不足道。某些去追求个人幸福的人，往往将痛苦转嫁给了他人。

平淡即是充实，心大即是空虚。

不参禅不拜山，但求平淡如初。

成熟的花朵没有一瓣是多余的。

完美难免会留遗憾，精致难免会留瑕疵。

看惯了浮华想平淡，享受了富贵思清静。

平淡离我们最近，奢华离我们最远。有些人不去找最近的，却热衷于去找最远的。

对幸福每个人有不同的理解，有人把衣食无忧当作幸福，有人把儿孙满堂家庭和谐当作幸福，有人把一生平安当作幸福，有人把助人为乐奉献爱心当作幸福，有人把事业成功理想实现当作幸福。

自由并非随心所欲，自主并非固执己见。

自由的航船只有在规则的江河里行驶才能顺利驶向远方。

追求个人的自由，常常导致他人的不自由。

有人渴望自由的权利，可又不能驾驭自由，或者去放纵自由，或者让自由自生自灭。

当我们脸上挂满微笑的时候，其实心里一点也不快乐。微笑是每天重复的作业。当我们的眼角噙满泪花的时候，幸福真的已经来临了。

快乐

快乐始于一颗平常的心。

童心不泯是人生快乐的宝典。

心灵感知的快乐才是真正的快乐人生。

真正的快乐并不在于拥有，而是无牵无挂。

快乐不取决于金钱，幸福不在乎年龄。

没有播种时的辛苦，哪有收获时的快乐。

快快乐乐一生，就是你人生的最大红利。

独享给自己带来快乐，分享给大家带来快乐。

拥有是快乐的一种，笑对放弃也是一种快乐。

若是将付出当成一种快乐，你就活出了人生的精彩。

真正懂得快乐的人，并不羡慕他人的快乐，而是找到自己的快乐。

能给你快乐的，也能给你烦恼。

越是轻易得到的快乐，越是不能持久。

创造者的激情随着生命的延续而延续。

市井的快乐俯身即拾，白领的快乐需要场景。

在他人田地里耕耘找不到自己的感觉，在自己的田地里耕耘方能找到辛劳的快乐。

充满激情的日光，带着一脸欢笑飘落在西边的天际里。

激情并非偶然而至，它如同种子需要适宜的土壤、水分才会生根发芽。

尽管人们善于将野心隐藏于激情之中，但透过激情让人看到某种野心的影子。

当我们专注事业、充满激情的时候，是我们最能够把握成功的时候。

激情并非青年人身上的专利，老年人身上也有。问题是老年人有没有能力去使用它。

看重自己，不是自己有多大的作为，而是源自内心的激情被点燃，人生的目标被锁定。

爱心

爱心养颜，善意暖胃。

爱心是面旗帜，插到哪里都猎猎招展。

爱心为弱者编织着一个个美丽的梦想。

爱善无冬夏，爱和善在人的心里永远都是春天。

有爱心的人，凡事先为他人着想。无爱心的人，凡事先为自己打算。

爱心不取决于财富的多少。财富多的人并非具有爱心，财富少的人并非没有爱心。

距离

最短的距离,往往是最长的路程。

距离的远近,与你的付出密不可分。

用心量出的距离最准。

一步距离一生在追赶,一山高度一生在攀登。

人之间的距离用眼是看不到的,只有用心才能感受到。

最长的距离是最短的等待,最短的距离是最长的等待。

最远的距离不是千里之遥的距离,而是近在咫尺的陌生。

心中有你再远的距离不是距离,心中无你近在咫尺也很遥远。

身与身的距离一眼可以看到,心与心的距离用眼睛无法看到。

足迹的长短,让人与人之间的距离或者变长或者变短。

路程的长短,取决于行程的快慢。倘若你的行进速度加快,你的行程变短。倘若你的行进速度缓慢,很短的距离也会变得漫长。

（三）时光篇

时光

你抛弃了时光，时光也会抛弃你。

人们在叹息时光的流逝，而又不去珍惜时光。

所有回不去的时光，都是最为想念的时光。

时光隧道准备着盛装，迎接奋进者的穿越。

成也时光，败也时光。

让生命中的每一分钟都活出精彩。

时间

珍惜时间拥有一生的成功，空耗时间留下永久的痛。

空耗时间对于一个人的生命来说，是更大的伤害。

秧苗插稀了可以补栽，时间若是空耗了则无法补救。

年轻时候荒废的时光，用年老的余生去赎罪。

时间对每个人都是公平的，感觉不公平只是你对时间的态度。

时间不会留下人生的每个细节，但足迹会记载人生的每一个闪光点。

时间吞噬一切细节，也许得出你想要的结果，也许得出相反的结果。

时间是最好的答案，行动是最终的结果。

一个专注于做事的人，没有时间去计较他人的非议。

让时间去支配人生，人生是时间的奴隶。让人生去支配时间，人生是时间的主人。

真正认识一个人，需要让时间来证明。

会利用时间的人，总会感到时间的窘迫。

死亡的部分令人惋惜，惋惜它给予人生的时间短暂。

时间是精明的老人，再聪明的人也玩不过它。

时间在有些人手里成弃儿，在更多的人手里成为宠儿。

走在时间前面的人，总会领略到不一样的风景。

过往不只是时间的逝去，应当把它看成是对人生的诠释。

过往的时间让你失去了应当失去的一切，留下了值得留念的东西。

时间不怕你去耗，怕的是你耗尽了人生精华却一无所有。

你可以去慢慢等待时间的到来，可时间不会慢慢等待你的到来。

时间是最公平的法官。

时间拥有最后的发言权。

时间是唯一没有个性的朋友。

时间最能够证明人生的价值。

谁怠慢时间，终将被时间怠慢。

只要懂得珍惜尊重时间，时间每天都属于你。

你有选择时间的权利，时间没有协助你的义务。

时间像筛子，筛掉岁月的风尘，留下的是人生精华。

人可以没有时间观念，但时间不会大方到任你去挥霍。

怠慢时间的人，时间也会怠慢你。珍惜时间的人，时间也会珍惜你。

假如说时间是金钱的话，那么，流逝的岁月就相当于损失了一座金库。

争论不清的问题，不妨留给时间去回答。

不能够驾驭时间的人，终将被时间所抛弃。

能冲淡一切的是时间，能让人活出精彩的也是时间。

如果时间能回转，那么就不会有那么多的人在说后悔。

事情第一次做不好可能会有第二次机会，时间过去了不会再回来。

在尊重时间的人眼里时间是个宠儿，在不尊重时间的人眼里时间是个弃儿。

时间不会因为你年轻或者年老而歧视你，生活不会因为你富有或者贫穷而厚待你。

时间像一把梳子在梳理人生的每一处细节，留下一张成绩单，里面记载着人生的酸甜苦辣。

我们中的一些人，鲜有时间去探讨人生的未来，而在大部分时间陶醉于某种微不足道的成功之中。

自己渴望与时间同行，时间在默默地前行着，自己一边行走一边张望。时间走远了，自己落伍了。

岁月是友善的，也是无情的。友善是对那些惜时如金的人而言，无情是对那些玩世不恭的人而言。

时间是伟大的证明者，它可以证明你的过去，你的现在，同样也可以证明你的未来。

理想

理想是美好的，现实是残酷的。

幻想常常是理想的敲门砖。

欲望更进一步是地狱，理想更进一步是天堂。

小时候我们渴望长大，长大以后我们希望变小。小到没有挫折、没有悲伤、没有私欲、没有烦恼、没有误解、没有孤独，守着单纯、守着稚嫩、守望着成长。

不要将那些不着边际的事当成理想，那种所谓的理想费尽你的心智，空耗尽你的体力，结果一事无成。

未来

想象力是人类创造未来的源泉。

模仿不是艺术，创新才是未来。

没有一个好的开端，很难有一个好的未来。

眼前的投入，是在为未来的产出做储备。

眼前退一步，未来进一步。今日让一分，来日进一分。

可以小看一个人的现在,不能低估一个人的未来。

不要将未来的财富抵押给今天的快乐,而应将今天的快乐当作未来的财富。

记忆是个长不大的孩子。

人在一瞬间长大,也在一瞬间苍老。

告别不了旧的过去,迎接不了新的未来。

（四）心态篇

心态

心态正，看山是山，看水是水；心态不正，看山不像山，看水不似水。

不一样的心态，会有不一样的人生感悟。不一样的选择，会有不一样的人生道路。

知识决定一个人的实力，心态决定一个人的沉浮。

心中有阳光，满眼是春色。

心中无大我，走不出自我。

心中有激情，满眼都是景。

心中看事大，眼中无小事。

心中有阳光，不惧黑云遮日。

端正心态，才能摆正你的位置。

心态正则人生正，心态偏则人生偏。

只要心态是正的，风从哪个角度刮来都是顺风。

心态好的人凡事都乐观，心态差的人凡事都纠结。

领跑者的心态始终处于起跑时的状态。

心态不是一个人的命门，但至少是一个人的软肋。

思想的偏激导致心态扭曲，人生纠结导致前景黯淡。

乐观心态是长寿的良方。

不论年龄有多大，只要心态不老，就永远是年轻的。

比他人活得快乐，常常不是取决于你的财富，而是取决于你的心态。

行程的长短由你的胸襟决定，事情的虚实由你的心态决定。

人不逞强，心态是平和的。人若逞强，其心态扭曲，不可控。

心可控，人自控。

粗心丢掉银子，细心拾得金子。

看他人不顺眼，是自己的心态出了问题。

自负人看问题的眼光，总是远远超过他自身的判断力。

总看他人不顺眼，不是你的眼睛有毛病而是你的心态有问题。

不要无故地扫他人的兴，正确的态度应当是给予掌声鼓励。

不要以为自己的看法都能够得到众人的赞同，他人有不同的看法也属正常。

发泄对他人的不满，只能证明自己的无能。

心态正处事冷静，心浮躁处事无序。

只有不合适的心态，没有不合适的工作。

摆不正心态，找不到自己的位置。

要看一个人的作为，先看一个人的心态。

调整好自己的心态，是做好一切事情的前提。

用平常的心态去过好每一天，你的人生同样是精彩的。

心态不老，人天天生活在快乐之中。

一个人的认知能力，决定一个人的行事风格。

再多的努力，无好的心态，不会有好的结果。

心态好，人生美，天地美。反之，心态差，人生低沉，天地灰暗。

能够让自己始终保持平淡的心态，不随风起舞，不随波逐流，需要极高的修养，极强的自控力。

一个持正常心态的人，其内心驱动的是一种高尚的行为。一个心态扭曲的人，其内心驱动的是一种不良的行为。

对道理的懂与不懂，只在于心境不同。心境好的人，什么问题都看得透，想得通。心境不好的人，很简单的问题看不明白，思想结疙瘩。

心灵

美好的行为始于美好的心灵。

心灵美胜过美者的自身。

心灵美，人最美。

心有所动，必有所为。

心灵宁静，感受天地之美。

打开心灵之窗，满眼都是春色。

心中有春天，满眼的鲜花和青翠扑面而来。

高尚的心灵才会使你的视野开阔，心胸博大。

美好的思想产生美好的心灵，美好的心灵结出美好的人生之果。

心灵美的人形象一定美，形象美的人心灵不一定美。

心灵不洁净，其行必是污秽的。

那种不安分的心源自其内心深处的躁动。

若是心的大门已经上了锁，再好的钥匙也难以打开。

心灵沟通可以飞越千山万水。

守望心灵的纯真，走好人生的心路。

只有聆听，才能感受。只有倾心，才能拥有。

能读懂他人眼神的人，是与其心灵相通的人。

心灵不去设防，才有可能让他人的真诚走进你的心里去。

初心不改的人，往往是那些独领风骚的人。

心灵是人生的窗户，若是窗户不敞亮，人生的前程必是漆黑一片。

保持一颗童心始终不变，虽然时间可以让你变老，但你的心态不会变老。

童心像生命的绿洲镶嵌在老年人的心里，无时不激起对生活的热爱，对生命的执着。

心灵感受到的美，才是真正的美。

拥有漂亮的外表并非拥有纯洁的心灵。

阴影不离开，阳光永远不会走进你的心灵。

污染他人心灵的人，也在承受着心灵的污染。

心灵的创伤应当用心灵的疗法去医治。

最短的距离用脚去走，最长的距离用心去走。

内心的东西是用肉眼看不到的，而要用心灵去感知。

人之间的距离可以感知，心之间的距离无法触摸。

真正地拥有是包括物质上的拥有，也包括心灵上的拥有。

等值交换换来的是心灵的慰藉，不欠他人的或者不占他人的物款，通常对人们来说即是一种心灵的满足。

有人说，眼睛是心灵的窗户。在我看来，眼睛能看到的地方，心灵都能感知到。想象把人们带入一个全新的未知世界，让心灵去感受未知世界的奇妙风光。

内心

内心不动，他人难以推动。

内心平淡如水，人生少有波澜。

内心的平静沉淀着人生的宏愿。

外表展示形象，内心沉淀智慧。

外面的世界喧嚣，内心的世界要安宁。

平静的内心随时准备迎接暴风雨的到来。

造就自身的力量，在于自己内心的强大。

人生最强大的对手来自自己的内心。

人生最为难得的是，内心深处保留了一份童心。

只要你的内心是强大的，你的人生必定是富足的。

动力来自你的内心，强大来自你的无私无畏。

内心有定力的人，才能够得到自己想要的生活。

力量不是他人的馈赠，而是来自自身生存的内心。

走近一个人容易，走进一个人的内心不容易。

走进一个人的内心远比获取一个人的金钱重要。

深度去挖掘内心的理想世界，如同在给人生开采一座富矿。

只有内心平静的时候才能感觉到自己的存在，即使身处喧嚣的中心。

不需要去知道他人内心的想法，其言行已经给了我们答案。

创造者的内心里只有春天，永远不会有冬天。

会自控的人，内心异常强大。

路的远近、宽窄，全在于心的掌控。

危险来自内心的恐惧而非危险本身。

用狠语吓唬他人，或许是内心虚弱者的武器。

一个从不绝望的人，其内心跳动着一座不息的火山。

每一个人的内心深处，都深藏着一座不易走进的庭院。

发自内心的笑才怡然大方，触动情感的哭才痛快淋漓。

美在你的眼睛里，美在内心的深处，美在你憧憬的每一个角落里。

美好的东西不仅停留在我们的眼睛里，而且已经植根于我们内心的深处。

倔强的人并非是不开窍，而是内心深处潜藏着一种不服输的冲动。

若是你的心是乱的，你看世上的一切都是乱的。若是你的心是静的，你看世上的一切都是顺的。

真正的强大，不是你有多么超人的力量，而是能够战胜内心的怯懦。

人生最大的敌人，往往不是你的对手，而是来自你内心深处的怯弱。

从镜子里看到的只是你的面孔，从内心深处才可以清晰地见到你的全貌。

过往已经离去，在人们内心保留的是他们不愿舍去的东西。

人之间的差距有时候凭眼睛看不到，但是在内心的深处一定会深刻地感受到。

角色的转换,深受时空、地域、环境及人内心情绪的左右。强者会变成弱者，弱者会变成强者；勇敢者变成胆小鬼，胆小鬼变成勇敢者。

心境

1

观风听雨要有心境，做人成功要有境界。

塑造是一种境界，被改造又是一种境界。

你的心胸，是你最宽最广的世界。

你的心胸变宽了，你眼中的世界就变大了。

坐看风云起，心在天地外。

用心发现，美就在身边。

用心走路，路就在眼前。

用心的地方，总会发现有价值的东西。

用心搭桥搭得牢靠，用心探路脚走得踏实。

用眼睛去观察，用心去揣摩，你见到的物体才是真实的。

百人百心，千人千面。

人有高矮，心有深浅。

心有多大，力有多大。

2

水满则溢，心满则飘。

心要走留不住。

心上锁，千把钥匙都打不开。

有心总被多心误。

一心两用，两头尽失。

心不动，一切皆不会动。

有情不在脸上，有心不在嘴上，有力不在眼皮子上。

无过便是德，无心便是有。

无心的江湖，有心的世界。

无利不起早，无心不交友。

心虚的人，最怕较真的人。

心里记住你，胜过千言万语。

3

苍天厚待有心人。

眼亮似明镜，心畅似流水。

眼明识人，心明识路。

逢人都说好，并非是真心。

心有戒尺，一生远离贪念。

一份耐心一分收获。

以镜整衣冠，以心正德行。

门槛好过，心坎难过。

住房好建心房难建。

嘴的祸害甚于心的祸害。

心有豪气不难，脚踏实地不易。

有恒产者自足，有恒心者担当。

心直路自然宽，眼明事必看得清晰。

4

嘴里说舍去的人，心里比谁都想去占有。

有些话说出来伤人，还不如将其藏在心里。

有真心，不怕他人误解。有热情，不怕他人冷淡。

最强大的人也有他的软肋，最弱小的人也有他的野心。

一个缺乏敬畏之心的人，很难说他言行举止的分寸得当。

只要你的心是洁白无瑕的，即使身陷泥淖之中，也是耀眼的。

不屑用一颗可怜的心去换取一颗虚假的同情心。

道理要通，首先是心要通。心不通，理不通。

风大了掀翻船，心大了走路不着地。

勾起你心动的，必定是早已为你留下的念想。

好话暖到心窝，坏话说到恼火。

好心有时在办错事，好话有时在伤害人。

麻雀炫耀漂亮让乌鸦春心荡漾。

狂野不嫌天地小，躁动不忧心路难。

5

满足了一个人的嘴，满足不了一个人的心。

能与钢铁的强硬媲美的是人的恒心与毅力。

你的心太深，上帝也满足不了你。

心偏隔座山，心实面对面。

心的背后还有心，人的背后还有人。

眼睛背后有一双眼睛，心眼背后有一个心眼。

心用错了地方好比江河泛滥非常危险。

从哪里失去的，要有耐心从那里找回来。

人可随心，断不可无心。人可随缘，断不可无情。

河无堤埂易崩岸，心无防护易塌陷。

人不懂人如隔一堵墙，心不懂心如隔一条河。

人虽然走得很远了，可你的心还在原地未动。

如果你的心是不平的，你看这个世界也是不平的。

只要你的心里是阳光的，你看这个世界都是美好的。

6

世界上最美的东西，不是你眼睛里所看到的而是你心里感受到的。

你的心是平静的，你看这个世界也是平静的。你的心是沸腾的，你看这个世界也是沸腾的。

身残不可怕，心残才可怕。

手大遮不住天，心大罩不住地。

相识未必再相逢，只是未在心里头。

共同的话题心是相通的。

违心的事大多撑不了太久。

心里若是有高地，何惧他人看低。

心有多大，天地有多大。人有多强，能行多远路。

若是心能知足，在你的眼里人一生的时光都是美好的。

远方是一座圣殿，只有少数人可以到达，多数人在心里驻足眺望。

有的东西离去了，却还在你的心里。有的东西近在眼前，而你的心却在他处。

7

再大的事，在无心者眼里都不是事。再小的事，在有心者眼里都是大事。

心不落地总有一块石头搁在心里，人不前行只能是在原地踏步。

有些债不去还压在心里是块石头，有些情不去还藏在心里是遗憾。

在心里与他人画地为牢，等同于与整个世界竖起了一堵墙。

相同的路径，有人走出阳光大道，有人走出羊肠小道。心境不同路境不同。

如果有心与你谋面，即使遥远也不是距离。反之，咫尺的距离如同远在天边。

心里有"病"是藏不住的，它会在你的脸上和言行中表现出来。

心是人的第三只眼睛，它可以看到两只眼睛所看不到的地方。

江水有涨水的时候，人心有膨胀的时候。

有这种人，他人敬重时不在意，被他人看轻时心里纠结。

凡是纠结的事皆是心里无谱，凡是豪气干云的事都底气十足。

好听的话未必是关心的话，刺耳的话未必是害你的话。

仅有耐心没有力量走不远，仅有力量没有耐心走不稳。

8

没有前半生撕心裂肺的痛悔，就没有后半生的大彻大悟。

内敛者心里藏着千军万马。

野心经过伪装比谦卑更为耀眼。

横着心的人就是一道不能翻过的大山。

一个好点子让你走向坦途，一个坏心眼让你坠入深渊。

不要将文盲视为睁眼瞎，其实文盲的心里还有一双明亮的眼睛。

动了歪心思，别指望会有好结果。

上当与受骗都是源自同一种疾病——私心。

心虽然不是秤，却可以将一个人的秉性称得很准。

失去人心，比失去金银财宝还可怕。

隐藏不露的野心比狂妄自大的野心还要危险。

对于深藏不露的人需要加以提防，对于心底坦荡的人可以放心地做朋友。

你的心里走不进他人，他人心里也不会有你的存在。

9

热心人心里是滚烫的，冷漠人心里是冰冷的。

坏心眼只能办坏事，好心眼未必一定办好事。

越是将事情说得天花乱坠的人，越要小心防范其设下的陷阱。

坦诚人的心不设防，狡黠人的心与他人的心隔着一堵墙。

人有私心是藏不住的，总会露出些蛛丝马迹。

路子野也好，窄也罢，都不如走好心平气和的路。

墙上的镜子可以随时更换，心里的镜子是更换不了的。

攥在手里的东西并非真正属于你，只有攥在心里的东西才真正属于你。

假如心用错了地方，即使全身心投入，最终结出的不是甜瓜而是苦果。

人藏着好找，心藏着难猜。人的背后有人，心的背后有心。

好句子可以杜撰，好心情不可以伪装。

心病要用心药来治，此方法不一定有效，但至少可以让病情缓解。

想好的人并不能够如愿，是因为其心比天高，其所作所为不如人。

10

完美是头顶的月亮，缺憾是心中的疼。

能够挡住自己前进去路的不是路上的障碍物，而是心中太多的纠结。

便宜爱找有私心的人，高贵看好大方之人。

心可控，人自控。

心放不下，人走不出去。

心中无道，信马由缰。

太迟钝了人麻木，太敏感了人心累。

心被一个人拽着，自己就无法前进。

驾驭得千军万马，驾驭不了自己的一颗心。

人在自己的心河里困顿，苍鹰在万里高空翱翔。

人们常常因为私心放不下到手的，失去了更好的。

人太敏感了，容易给人孤傲的感觉，不妨有时装一下糊涂。

茫然并非看不清前面的路，而是自己的心境遮挡住了视线。

在寂静的黑夜里，飘浮在心头的雾霭使自己感觉离天空更近了。

人之间的距离用心去感知。

心眼最多的人，是朋友最少的人。

11

在树上嵌钉子的人，也有可能在他人的心上嵌钉子。

有的人是用眼睛在看世界，有的人是用心在看世界，有的人是用耳朵在听世界。

人若是走错了地方容易迷失方向，心若是用错了地方将会坠入深渊。

许多事你不去做，不知道事情的艰辛；有些心你不去操，不知道内心的酸楚。

女人要的是一个家，朋友要的是一份真心，人生要的是一份承诺。

每个人心中都有杆秤，事业在心中的分量自然会称得出来。

有些事你不去想它，但绕不过去。有些人不去联系，心里放不下他。有些理不去说透，给人留下心理上的纠结。

（五）自我篇

自我

走出小我是大我，走出自我是坦途。

不走出自我，你永远无法知道这个世界有多大。

自我感觉良好，是一种无可替代的产品。

对他人的否定，是为了实现自我的肯定。

说他人不行轻松，看自己做起来艰难。

太看轻了自己，在他人心中就没有你的位置。

你在自己心中是高大的，在他人心中是渺小的。

树在贫瘠的山坡长不高，人在自我陶醉的心境里长不大。

人们渴望完美，但常常止步于自我欣赏的阶段。

他人改变了然于胸，自我改变浑然不知。

关注他人的时候，忽视了自我。关注自我的时候，忽视了他人。

小我的潜能，只有到大我的天地里才能释放出它绚丽的色彩。

为了塑造一个真实的自我，人们每日在痛苦地解剖自己。

偏见，扎根于自我的内心深处，已不亚于顽症对身体的侵害。

迷恋花海走不出花的情结，迷恋眼前走不出自我安逸的今天。

所谓的清醒，是具有比一般人强大的自我视觉、听觉和敏感度。

一个心中只有自己的人，他人的事、众人的事是不会放在心上的。

看重自己，是心中没有他人；看重他人，是在心中找到了自己的位置。

走不出自我，不知道天地有多么广阔。走不出记恨，不知道人间有多么温暖。

自己

1

世界那么大，总有属于自己的一片天地。

每个人都不会认为自己是多余的。

每个智者都认为自己是个平凡的人。

每条小溪都认为自己是江河的母亲。

羡慕他人，不如去做好自己。

羡慕他人拥有，不如自己真正拥有。

自己立得稳，他人推不倒。

要让他人服气，自己先要争气。

有自己的特质，你会活得与他人不一样。

只有真正弄懂了自己为什么活着，才知道人一生应当去做些什么。

只有自己的付出得到社会的认可,才有资格说自己的人生是有价值的。

最好的自己,不是由自己夸耀,而是需要他人认可。

并非每个人都能认准自己。

让他人认可,首先要自己认可自己。

如果不能认清自己,必将迷失自己。

不是他人小看你,而是你高看了自己。

看高了自己,是眼里没有他人。

不要将他人地里的收成当成自己的收获。

不能说服自己,就别想去说服他人。

自己说服不了自己的时候,他人的说服更有力。

2

不是世界欺骗了自己,而是自己心中没有世界。

有些人在自己的内心深处筑起思想的囚笼。

最强大的对手不是危险的敌人,而是自己内心的怯弱。

是自己内心封闭的城堡,才造成自己人生的困局。

怕他人得了好处的人,最怕亏待了自己。

对自己太溺爱,对他人只会作假。

对自己充满了期许,对他人充满了厚爱。

对自己严的人，对他人宽；对自己宽的人，对他人严。

让他人疼痛，自己难免受伤。

给他人脸上抹黑，是在往自己脸上贴金。

给他人栽花，为自己添彩；给他人挑刺，为自己治病。

看高自己的人并不比他人高，看低自己的人并不比他人低。

看起来是在迁就他人，实际上是在迁就自己。

看他人的脸色行事，捆住自己的手脚。

自己忙着往网里赶鱼，他人坐收渔利。

3

自己去做与想去做好是两个不同的概念。

自己身上的衣，他人手中的线。自己口中的食，他人地里的粮。

自己想拥有的恰恰是自己曾经抛弃过的，自己想抛弃的恰恰是最不易舍弃的。

世上最好的路不是他人为你铺成的，而是靠自己的双脚走出来的。

若是想去拯救他人，先从拯救自己开始。

在人生中看不清自己的时候，不妨到他人的镜子里去找自己。

走不好自己的路，怪不得他人，是自己没有把握好方向。

鄙视他人是在鄙视自己。

不恐惧自己的恶行，亦不会放弃恶念。

不看好自己的时候，意味着与他人相比毫无优势可言。

不能掌控自己的时候，就意味着一只脚已经迈进了深渊。

奔腾的江河在汇入大海之前并未看到自己的局限性。

从他人的镜子里面，最能看清自己的短处。

4

给他人一片绿荫，给自己一片森林。

方便他人，终将方便自己。

与人方便自己方便，给他人阳光自己灿烂。

雨点打不到自己的头上，总觉得打伞的该是别人。

肤浅的人喜欢张扬自己的长处，低调的人时刻不忘自己的短处。

自以为聪明的人，常常因为他人对自己的看法不佳而去卖弄聪明。

凡事为他人着想的人，让他人敬重。凡事为自己着想的人，让他人看低。

不要老抱怨他人的不足，其实自己身上的不足不比他人少。

嘲笑他人无疑是在嘲笑自己，败坏他人无疑是在败坏自己。

德行与恶行近在咫尺。或许自己的一脚在走进德行的门槛时，另一只脚已经踩在恶行的边缘。

对他人的诋毁，是在彰显自己的存在。

揭他人的短，常常是在掩盖自己的疮疤。

没有比一孔之见更能误己的。

见不得他人过好日子，并非自己的日子不好，而是心里受不了。

5

人太看重自己，就会慢待他人；太看重荣誉，就输不起。

用自己的感受去揣摩他人的用意，是一件用力不讨好的事情。

光看自己的优势忘乎所以，光看自己的劣势被压抑得抬不起头来。

用自己的尺子量他人，看到他人的长短。用他人的尺子量自己，看到自己的长短。

用自己的长处比他人的短处，越比越骄傲。用自己的短处比他人的长处，越比越泄气。

对自己的认识建立在对他人认识的基础上，对他人的认识建立在对事物共同认识的基础上。

顾及他人的非议，走不好自己的路。

人们对他人的认识，远远超过对自身的认识。

6

人们常常要同自己而非他人的愚昧做斗争。

人们讨厌撒谎，又做不到自己不去撒谎。

人们常常原谅自己对他人的欺骗，却不原谅他人对自己的欺骗。

人们常常厌恶他人身上的毛病，却能容忍自己身上的毛病。

人们往往看他人的毛病看得准，看自身的毛病看不清。

人们常常谴责某些人的不雅言行，却能够容忍自身的不雅言行。

人们对自己身上的长处了如指掌，却对自己身上的短处不甚了解。

许多时候说得服他人，说不服自己。许多时候羡慕他人的好，却不知道自己的好在哪里。

越在乎自己的不足，越是怕他人挑自己身上的毛病。

在你自己的眼里是好汉，在他人的眼里什么也不是。

7

无视自己的缺点是最大的缺点。

通过矮化他人来拔高自己，通常不会成功。

即使一个很有成就的人，也未必能够真正读懂自己。

笑话跌倒者，自己可能是下一个跌倒者。

每个人都有自己的故事，只是你的故事与众不同。

人们常常担心自己的优势丧失，从不担心自己的劣势增大。

不要无端地去指责他人，自己的过错不比他人少。

无端指责他人的目的，不是意在找他人的茬子，而是意在壮自己的胆。

强大不需要炫耀，夸耀自己强大的人是一种虚弱的表现。

让自己困住不能前进的，不是来自自然界的阻力，而是来自心灵的阻力。

8

让自己蒙羞的，常常不是怯弱而是鲁莽。

人没有照镜子前总以为自己很漂亮。

人生错位多半是没有选对自己的位子。

承认自己渺小，就是塑造伟大。

踩着他人的脚印走，留不下自己的脚印。

往自己脸上贴金的人，是在攫取他人的劳动成果。

从自己的获取中，将多余的一份送给需要的人，不失为明智之举。

当一个人过分渲染自己的功绩时，其用意不在争功而在于贬低他人的功绩。

没有他人的美，看不到自己的丑。没有他人的白，看不到自己的黑。

不要用他人的材料来为自己搭建表演的舞台，记住这一点非常重要。

沽名钓誉的人，总是在借助他人的荣誉来装潢自己的门面。

拾他人的牙慧，装不了自己的门面。

嫁接他人的鲜花难以扮靓自己的花园。

他人笑不倒，只有自己跌倒。

他人受冷落，自己并非被抬举。

9

他人指的路再好,不如自己走出来的路踏实。

他人的长处自己看得最清,自己的短处他人看得最准。

他人看好的,自己并不需要。自己需要的,他人不看好。

他人的太阳并不比自己的太阳亮,他人的月亮并不比自己的月亮圆。

他人的意见再好只能是一种借鉴,自己的意见虽然肤浅但是一种自然生成。

他人喜欢的味道,并非是自己所想要的。自己喜欢的味道,要靠自己去调制。

他人的穿戴虽好看并非适合自己去穿戴,他人走过的路虽然不俗并非适合自己去走。

为他人修路是在为自己铺路。

一个人的路该如何去走,谁也没有自己清楚。

不管他人如何看你,自己要活得理直气壮。

太在乎他人的看法,迈不开自己的双脚。

人没有自己的特性,就容易成为他人的附庸。

10

自己可能做不到最出色,但可以做到更好。

人应当是活得好好地给自己看,而不是要活给他人看。

看他人的世界多么精彩，不如走进自己的人生世界。

在自己的眼里书写的是他人的故事，在他人的眼里书写的是自己的故事。

充大的人其实并不强，称小的人其实并不弱。

活在自己的人生里是生命的回归，活在他人的内心里是生命的升华。

不记住自己的昨天，就不会熟知自己的今天，不熟知自己的今天，就不能走向美好的明天。

不以人喜为喜，不以人悲为悲，做自己的主心骨，走好自己的路，奔美好的前程。

11

不做好今天的自己，十年后后悔都来不及。

人生跌倒在于自己，顶天立地也在于自己。

人生最惬意的时光，莫过于通过自身的努力，将自己的人生变得美好。

守住自己的心灵高地，别让狭隘和自大偷走自己的快乐。

你囿于自己的小天地，将失去天外的大世界。

人在所处的位置上，应当知道自己有几斤几两重。

有人刷存在感并非是找到自己的位置，而是在显示自己的力量。

互动是一个人的力量变为两个人的力量，被动是失去了自己的分量。

从他人的优势中，人们更能清楚地看到自己的劣势。

护自己的短处是在损自己的长处，修补自己的短处是在扬自己的长处。

自己走过的路，不回头看不知道走了多远；自己做过的事不去清点，不知道哪些是对哪些是错。

人们常常能够看到别人的错误决定，却不能够阻止自己的错误决定。

12

能左右自己的人不会被他人左右，能左右全局的人不会被局部左右。

要正确认识自己先去正确认识他人，要走好明天先要走好今天。

一颗平静的心能装下大千世界，一颗浮躁的心装不下自己。

会算命的人大都算不准自己的命，会医治他人病的人大都医治不好自己的病。

人总是在自己的头撞到南墙后，才知道回头。

自己种下的苦果自己去品尝，自己造下的孽自己去承受。

脑袋长在自己的身上，自己怎么想，他人是不知道的。但是，自己怎么去做，他人就知道你是怎么在想。

人们在想自己的委屈的时候，再去想一想他人的委屈，再大的委屈也就释然了。

那个不离不弃的影子，是与你朝夕相处、形影不离的自己。

自己可能会忘记一起笑过的人，但不会忘记与自己一起哭过的人。

回报是在为自己赎债。

救助弱者是在强壮自己。

13

人所经过的地方，都会留下自己的气息。

接过他人的手是在传递，伸出自己有力的手是在牵引。

能够管住自己口的人最厉害，能够控制欲望的人最强大。

高端定位的人生常常让自己陶醉，接下来的岁月却让自己疲于奔命。

管得了部属管不好自己，做得了大官当不好丈夫。

盲目乐观是在用看不见的胜利来为自己开庆功会。

心长在自己的身上，灵魂却由他人牵着走。

吓唬他人的目的，是在为自己壮胆。

想为自己遮丑，最便捷的办法是为自己穿上一件漂亮的新衣。

一般来说，人们不在乎自己的时候，已经做好了孤注一掷的准备。

想找麻烦，无论自己怎么做都会有麻烦。想给他人好，无论他人怎样表现都会得到犒赏。

新房子、旧房子，适合自己住的都是好房子。

眼馋他人的好日子，不如去过好自己的日子。

知足是在满足自己的胃口，而非调高自己的胃口。

14

疑心太重是人生的致命伤，浅薄之人掉了自己的身价。

舍得就是把自己需要的送给比自己更需要的人，吝啬就是把他人需要的抓在自己手里不放。

只有到了落锤定音的时候，人们才敢说成功是属于自己的，除此之外，任何时候都不能说成功属于自己。

我立在你的面前，不是要作为一面镜子，而是要作为一个面对镜子的人。而你就是一面镜子，我从你这面镜子里看清了自己身上的长短。

如果我是一支好枪，我想拥有最优秀的射手；如果我是一块肥沃的土地，我想种出最好的庄稼；如果我是一株鲜花，我想开出最美丽的花朵；如果我是一匹良驹，我将成为主人心中的千里马。

有些人

有些人不能滥交，有些人可以成为你终生的朋友。

有些人慢待不会生气，有些人慢待了会断绝与你的来往。

有些人一生只为了他人，有些人一生只为自己。

有些人的努力是在虚幻中被耗掉的。

有些人巴结一个人恨不能为其上天摘星星，讨厌一个人恨不能将其扫地出门。

有些人一生都在上演悲情，有些人一生都在演喜剧。

有些人只能是一面之交，有些人是生死与共的朋友，有些人是人生的良师益友，有些人是酒肉朋友。

有些人只知道一件商品的价格，而不知道其使用的价值。

有些人傲慢是有某些资本，有些人傲慢没有资本可言。

有些人不是摔倒在人生拼搏的路上，而是摔倒在鲜花和掌声面前。

有些人常常在大庭广众面前，夸耀自己的精明之处，却不敢亮出自己的龌龊之处。

有些人对他人的慷慨，不是出于真诚而是另有所图。

有些人将正话当反话讲，有些人将反话当正话听。

有些人总是在清醒的时候糊涂，在糊涂的时候清醒。

有些人依靠自己的小聪明比依靠自己的才能获得的犒赏更多。

有些人在大事的处理上如行云流水，在小事的纠结上寸步难行。

有些人自以为将事情做得天衣无缝、无可挑剔，那是因为没有人想去揭穿他。

有些人自以为有至善至臻的品德，以优越感傲视他人。这种自恃优秀的偏执，不正是我们自己吗？

有些人常常为失去一件心爱的东西而惋惜，却不为拥有一件心爱的东西而珍惜。

有些人的话可以一只耳朵进一只耳朵出，有些人的话一生要牢牢记住。

有些人对身上的长处看得一清二楚，对身上的短处视而不见。

有些人只有在危险来到面前的时候才会猛醒，其他时候无论什么情况都不能让其醒悟。

有些人做事的动机往往是好的，但其动机与所要达到的目标却是南辕北辙。

有些人不去帮良心上过意不去，有些人去帮了反受其害。

某些人的人生失格，不在于其自控力不足，而是对自身放任自流。

某些人对他人施与小恩小惠，并不是出于善心而是期待他人给予更大的回赠。

某些人高调承诺的方式并无不当，只是这种承诺能否兑现还是一个未知数。

某些人虔诚的外衣里面包裹着一颗冰冷的心。

某些人心理失衡，靠好言抚慰不了，只有戴上荣耀的花环方可抚慰。

某些人有两副面孔：对超过他的人是一副笑脸；对弱于他的人是一副冷脸。

某些人有两副嘴脸：一副是给自己的，一副是给他人的。

某些人在奉劝他人为善的时候，并非能够做到自己与人为善。

在成全一个人的时候，某些人常常夸大自己的作用，以便突出自己。

某些人的逞能之所以不被看好，是因为他根本没有取胜的可能。

某些人对错误的主动买单，并非出于主动担责，而是防止他人将过多的错误归责于己。

温度常常让位给某些人的风度。

对于某些人来说，说大话容易，讲真话有点难。

说到做不到的，对于某些人来说是常态。做到先不去说的，对于某些人来说是一种涵养。

对神仙、上帝的虔诚，不过是某些人的一种精神寄托。

有的人出身卑微，但从来都是昂首挺胸的；有的人虽然出身高贵，但腰杆却从来没有挺直过。

有的人雨没有淋到自己头上，不会急着找雨具。

负重之人是那些兢兢业业、默默无闻的人，肤浅之人是那些招摇过市、妄狂自大的人。

有些事

有些事不去做心不甘，有些事做了却揪心。

有些事多操心心累，有些事少操心心里疼。

有些事做多了他人烦，有些事少去做他人喜欢。

有些事不需要它，但不要轻视它，因为说不定什么时候需要它。

有些事只能做不能言，有些事只能言不能做。

有些事做过了才知道对错，有些话说出了就收不回来。

合乎道理的事义无反顾地去做，悖理的事一件也不能做。

你想做的事，每个理由都成立。你不想做的事，一千个理由都不成立。

用高深的理论去诠释空洞的事物，是某些理论家惯用的娴熟手法。

将简单的事情弄得很玄妙，是另有所图。

不可小视的事物往往带来颠覆性的力量。

看好的事情乘势而上，不可懈怠，懈怠只会半途而废。

没有动力做的事情，大多在事情的行进途中夭折。

有些事是要用手去做，有些事是要用心去做。用手做出来的活大都是粗活，用心做出来的活大都是细活。

有些事坚持做下去，可能会经受痛苦，但会成功。有些事因为怕经受痛苦，坚持不下去，只能放弃希望与成功。

如果多数人认为是件有赚头的事，那你就要考虑该不该去做这件事；如果多数人认为不可能做到的事，那你就值得去试一试。

编后记

陈景丽

格言，格物以言志，格言的内容积极向上。它是人生经验和规律的总结，是人生智慧的升华，具有深刻的教育意义。

沈福忠先生近年来出版了三部《岘山飞思》格言集。岘山，位于襄阳城西南，东临汉江，因山小而险，故称之为岘山。自古以来为兵家必争之地。相传伏羲死后葬在襄阳境内。史料记载，岘山原名为显山，唐中宗李显即位后，为避皇帝讳，显山改名为岘山。岘山现有建安七子王粲故居、杜预沉碑处、孟浩然垂钓处、刘关张三义石等众多的古迹和遗址，风景名胜众多，是一座自然名山、神话名山、人文名山。

沈福忠生于襄阳，长于襄阳，他对故土的这份深情寄托于文字中。他在做一个山水的感知者，而非一个匆匆过客，对这座古城，有着深深的眷恋。当夜半人静，古城退去了白日的喧哗，他倾听汉江奔流的浪花击打声，感受江流奔放的巨大力量，他为襄阳古城厚重的文化而自豪，为汉江的波澜不惊而折服，为岘山的古韵长青而骄傲。

北宋学者韦不伐在《岘山》一诗中写道："羊公民爱深，原叔复善政。缉祠流声诗，才德交辉映。"山灵秀，思飞扬，志高昂。《岘山飞思》便是沈福忠才德交相辉映的智慧之作。本书共分为人生之路、奋斗之旅、处世之道、思想之门、家国之情、岁月之歌七大栏目，包含人生篇、追求篇、工作篇、事业篇、智慧篇、人文篇、生命篇等篇章，涉及工作、生活、家庭、婚姻、社会、人文等多个层面，数十万条箴言。这部汇聚了生活哲理、人生智慧的篇章，是沈福忠生命感悟的升华，对人性的反思，对人生真理的洞察，对襄阳的大情大爱。他爱自己、爱家人、爱故乡、爱祖国，字里乾坤，笔下深情，都在他的心底升腾，涓涓流淌成一条条心灵之河。

在人生篇中，他写道："最好的人生是无怨无悔的人生／世上没有一个人的人生之路是笔直的／生活的磨难是人生成熟必经的过程／有追求的人生，才是有意义的人生／伟大的抱负，始于伟大的行动／行动比语言更有力量"；在奋斗篇中写道："奋斗者的人生是精彩的人生／挫折是人生的老师／人生在磨砺奋进过程中折射出生命的光芒／有多大的抱负，就有多大的作为"；在处世篇中写道："一味赞美并非是良药／人有风骨品自高／向上向善应当是人生的主色调／只有你的胸襟变大，你眼中的世界才会变大"。这些才思佳句，给人以启迪和反省，掩卷返思之余，其中深味，细品之，令人沉吟良久。

有时候，一句话可以影响一个人的一生。我在编辑第一部《岘山飞思》时，其中一句话对我影响颇深。"事情是做了才能想明白，而不是想明白了才去做。"这句话后来成为我的行动指南。在创业这几年，面临很多的机遇、挑战和风险，常常站在岔路口不知该向左还是向右。每当这时，这句话便在耳畔回响，不管怎样，先干了再说，即便出了错还可以调整方向继续前行，毕竟干事业的过程也是一个试错的过程。在这样边走边探索的过程中，也蹚出了一条属于自己的路。是的，假如人生没有起伏不平、精彩迭起，那就不叫人生。

在《岘山飞思》之中，我们见证了沈福忠先生智慧沉淀、思想升华的一个又一个里程。一千个读者心中会有一千个哈姆雷特，每位读到这本书的人，相信都会有不同的感受。或许书中的某句话，触动了你心中最柔软的地方；或者某句经典，成为改变你人生航向的转折点。

那么，我们要做的，就是捧起这本书，细细品读。